The Politics of Bitcoin

비트코인의 정치학

비트코인의 정치학

초판 1쇄 인쇄일 2024년 11월 20일   초판 1쇄 발행일 2024년 11월 29일

지은이 데이비드 걸럼비아 | 옮긴이 이대희
펴낸이 박재환 | 편집 유은재 신기원 | 마케팅 박용민 | 관리 조영란
펴낸곳 에코리브르 | 주소 서울시 마포구 동교로15길 34 3층(04003) | 전화 702-2530 | 팩스 702-2532
이메일 ecolivres@hanmail.net | 블로그 http://blog.naver.com/ecolivres | 인스타그램 @ecolivres_official
출판등록 2001년 5월 7일 제201-10-2147호
종이 세종페이퍼 | 인쇄·제본 상지사 P&B

ISBN 978-89-6263-293-4 03300

책값은 뒤표지에 있습니다.   잘못된 책은 구입한 곳에서 바꿔드립니다.

비트코인의 정치학

데이비드 걸럼비아 지음 | 이대희 옮김

에코리브르

차례

비트코인, 디지털 문화 그리고 우파 정치

2010년대 초, 특히 2013년 내내 디지털 문화 전문가들은 비트코인이라고 불리는 새로운 형태의 디지털 결제 방식에 대해 점점 더 많이 접하기 시작했다. 웨스턴 유니언(Western Union)의 새로운 송금 서비스, 온라인 청구서 결제, 페이팔(PayPal)처럼 비교적 직접적인 송금 수단부터 리버티 리저브(Liberty Reserve)(Langlois 2013)와 '빈즈(beenz)'(Richardson 2001), 그리고 E-골드(E-Gold)(Zetter 2009) 같은 '디지털 황금'처럼 좀 색다른 시스템에 이르기까지 적지 않은 디지털 결제 시스템이 이미 등장했었지만, 비트코인은 다르다고들 얘기했다. 그 차이는 적어도 두 가지 이유에서 나왔다. 첫째 비트코인은 '블록체인'이라고 불리는 비교적 새로운 형태의 소프트웨어 암호 기술에 기초했고, 둘째 2013년 내내 비트코인은 미국 달러 같은 공식적인 세계 통화들과 비교해 가치가 급상승했다. 2012년 말에는 1비트코인을 미화 약 13달러에 살 수 있었다. 2013년 5월이 되자 비트코인의 가치는 100달러 넘게 상승해, 비트코인을 5개월 동안 보유한 행운아들은 거의 800퍼센트의 수익을 남겼다. 2013년 11월과 12월에 비트코인의 가치는 잠깐이지만 1200달러를 넘어섰다("History of Bitcoin"). 1년도 채 되지 않아 사고파는 시간을 제대로 맞춘 투자자들은 약 8000퍼센트의 수익을 올려 아마도 대부분의 모든 전통적인 투자 성과를 훨씬 넘어섰다. 초기에(첫 코인은 2009년에 만들어졌는데, 본질적으로는 아무런 가치도 없었다) 비트코인을 샀거나 '채굴'한 사람들은 이런 수익조차도 왜소하게 보일 만큼의 수익을 실현할 수 있었다(또는 실현했을지도 모른다). 이런 놀라운 성과로 비트코인은 세간의 주목을 받았고, 결국에는 많은 스타트업 프로젝트와 벤처 자본가 그리고 투자자를 끌어들였다.

    그때까지 비트코인에 대한 관심은 대부분 공학자와 그들의 업적을 따르고 칭송하는 사람들에게서 나왔다. 정치와 경제에 주목하면서 비트코인을 관찰하던 우리 같은 사람들에게는 비트코인의 폭발적 가치 상승보다 훨씬 더 눈에 띄는 게 분명히 있었다. 요컨대 이 같은 신기술이라는 이름으로, 극단주의적 문헌에만 주로 국한되었던 극단주의적 사고가 이전에 받았던 것보다 훨씬 더 많은 주목을 극단주의적 문헌 밖에서 받고 있었다. 자유연맹(Liberty League: 1920년대 영국에서 활동한 반공 단체-옮긴이), 존 버치 협회(John Birch Society, JBS: 1958년 설립된 미국의 극우 단체-옮긴이), 민병대 운동, 티 파티(Tea Party: 미국의 보수주의 정치 운동-옮긴이) 같은 극우 집단과 앨릭스 존스(Alex Jones: 미국의 극우 음모론자-옮긴이)나 데이비드 아이크(David Icke: 영국의 대표적인 음모론자-옮긴이) 같은 음모론자 그리고 폭스 미디어 그룹과 일부 우익 정치인처럼 정도가 덜한 우파 대변자들에 의해서만 거의 전적으로 전파되던 도그마가 이제는 이런 생각들의 기원이나 현대 정치에서 이런 생각들의 기능을 모르는 것 같은 많은 사람에게 회자되고 있었다.

이런 생각들은 단순히 이단적이라거나 반대 의견인 것만은 아니고, 우파 이데올로그들이 의도적으로 개발해서 공표한 총체적인 세계관의 일부다. 미국과 유럽 우파 사상의 역사를 알고 있는 사람들에게 이런 생각들은 놀랄 만큼 친숙하다. 예컨대 미국의 연방준비제도가 시행하는 것과 같은 중앙은행 업무는 사람들에게서 '가치를 훔쳐' 현재 그 가치를 소유하고 있는 사람들에게 넘겨주는 교묘한 음모다. 또 세계 금융 체제는 중앙은행의 정책, 특히 지급준비 제도로 인해 파산 일보 직전에 있다. 그리고 금 같은 '경화'는 이런 예고된 붕괴에 무의미한 보호망을 제공할 뿐이다. 또한 인플레이션은 대중에게서 돈을 훔쳐 무대 뒤에서 움직이는 '엘리트들'의 그림자 비밀 결사단에 넘겨주려는 음모다. 아울러 우리 모두가 알고 있는 정부와 기업의 지도자와 부자들은 바로 이런 '엘리트들'의 통제를 받고 있다.

비트코인이 이런 극단주의적 생각들을 어떻게 체화하게 되었는지를 이해하려면, 비트코인을 두 가지 폭넓은 분석 틀 안에 위치시킬 필요가 있다. 첫째는 학자들이 **사이버 자유지상주의**라고 부르는 현상이다. 사이버 자유지상주의를 설명하는 핵심 텍스트는 바브룩과 캐머런(Barbrook and Cameron 1996) 그리고 위너(Winner 1997)다. 최근의 설명으로는 터너

(Turner 2008)와 함께 걸럼비아(Golumbia 2013b, 2013c)를 참조하면 된다. 사이버 자유지상주의를 가장 기본적이고 한정된 형태로 보면, "정부는 인터넷을 규제하지 말아야 한다"(Malcolm 2013)는 원칙으로 요약할 수 있다. 이러한 신념은 자유지상주의 활동가이면서 그레이트풀 데드(Grateful Dead: 1965년에 결성해 최근까지 활동한 미국의 록밴드-옮긴이)의 작사가이자 일렉트로닉 프론티어 재단(Electronic Frontier Foundation)-'디지털 권리'를 선도하고 기술 산업을 옹호하는 조직-의 설립자 존 페리 발로(John Perry Barlow)가 1996년에 작성한 '사이버 공간 독립 선언'에서 특별히 강력하게 표명되었는데, 여기서 그는 "산업 세계의 정부는 환영받지 못하고" 그 정부는 디지털 영역에 대한 "주권이 없다"고 선언했다.

실제로 '정부의 인터넷 규제' 반대가 핵심적인 (그리고 중요한 측면에서 모호한) 신조라고 이해하는 것이 가장 적절할 수 있지만, 그러한 신조 주변으로 디지털 기술이 만들어낸 '자유'에 대한 주장이 점점 더 많이 유포되고 있다. 사이버 자유지상주의를 최대로 확장해서 보면, 일종의 신념 같은 것으로 생각해볼 수 있다. 그 신념에 따르면 **자유**

는 디지털 기술의 발전이 증가하면 자연스럽게 등장할 것이므로, 그런 발전에 개입하거나 발전을 규제하려는 시도는 자유의 반(反)명제임에 틀림없다. 하지만 '자유'가 이 맥락에서 무엇을 의미하는지는 보기보다 그렇게 명확하지 않다. 위너(Winner 1997, 14-15)가 언급하듯 사이버 자유지상주의자가 된다는 것은 "디지털 기술의 역동성이 우리의 진정한 운명"이라고 믿는 것이다. 그래서 "이런 발전을 실현하려면 멈추어서 성찰하거나 영향력을 더 많이 요구할 시간이 없다. ⋯⋯사이버 자유지상주의자들의 저술에 따르면, 그러한 도전에 대응할 수 있는 사람이 다가오는 새천년의 승자들이다. 나머지는 먼지처럼 사라질 운명이다".

따라서 사이버 자유지상주의를 공공연하게 자신이 **정치적** 자유지상주의자(자유지상주의 정당의 당원이거나 자유지상주의 후보자에게 투표하는 사람)라고 말하는 사람과 디지털 기술의 발전을 지지하거나 장려하는 사람의 신념 체계로 이해해서는 안 된다. 아마도 이런 설명에 들어맞는 사람은 물론 사이버 자유지상주의 신념을 가지고 있을 것이다. 〔코크(Koch: 미국의 사업가이자 정치 활동가―옮긴이) 형제가 자금을 댄 메르카투스 센터(Mercatus Center: 자유지상주의와 자유 시장을 추구하는 미국의 싱크 탱크─옮긴이)와 관련 있는 소수의 이른바 전문가들은 이 명칭을 기꺼이 받아들인다(Thierer and Szoka 2009 참조).〕 그러나 사이버 자유지상주의에 대한 분석은 좀더 미묘한 것을 살핀다. 디지털 기술의 확산과 관련한 구호 및 신념 일체가─즉각적으로는─우파에서 유래한 것으로 보이지 않는 가치들에 표면적으로 수사적 다짐을 표방할 때조차도 우파 세계관의 핵심적인 부분을 수용하는 방식이 그것이다.

물론 디지털 기술 산업에 종사하는 많은 리더와 기업에서 활동하지 않는 상당수 리더는 자유지상주의 이데올로기나 여러 우파 이데올로기를 충실히 따른다고 공개적으로 선언한다. 잠시 이들의 면면을 살펴보면, 일론 머스크(Elon Musk: 테슬라 창업자─옮긴이), 피터 틸(Peter Thiel: 페이팔 창업자─옮긴이), 에릭 레이먼드(Eric Raymond: 소프트웨어 개발자─옮긴이), 지미 웨일스(Jimmy Wales: 위키백과 설립자─옮긴이), 에릭 슈미트(Eric Schmidt: 구글 전 회장─옮긴이), 트래비스 캘러닉(Travis Kalanick: 우버 창립자─옮긴이) 같은 인물이 있다. 게다가 이런 정치적 관점에 반대하는 리더의 수는 적고, 그들의 이의 제기는 대체로 피상적이다. 그러나

'사이버 자유지상주의'라는 명칭을 얻을 만한 신념을 가진 집단의 사람들은 이보다 훨씬 더 많다. 사이버 자유지상주의의 핵심 신조, 즉 "정부는 인터넷을 규제해서는 안 된다"라는 주장은 광범위한 정치적 관점과 양립할 수 있는 것처럼 보인다. 일렉트로닉 프론티어 재단의 세계 정책 선임 분석가 제러미 맬컴(Jeremy Malcolm 2013)이 언급했듯 "인터넷 예외주의에 따르면, 정치적으로 진보적인 활동가조차도 오프라인보다는 온라인에서 정부의 개입을 더 불신하는 경향이 있다".

위너(Winner 1997, 14)가 분명히 밝히고 있듯 신념 체계로서 사이버 자유지상주의의 핵심은 "전자적으로(electronically) 매개된 생활 방식에 황홀해하는 열광을 자유, 사회생활, 경제 그리고 정치의 적절한 정의에 대한 급진적 우파 자유지상주의적 생각들과 연결"하는 것이다. 위너가 강조하는 '적절한' 정의는 그의 분석에서 핵심을 이룬다. 왜냐하면 사이버 자유지상주의에 찬동하는 사람은 대부분 사이버 자유지상주의자를 자처하지 않고, 스스로를 '자유지상주의자'로 부르지 않을 수도 있고, 심지어 우파 정당과 일체감이 없을 수도 있기 때문이다. 대신에 그들은 분명하게 알지도 못하면서 최소한 가끔씩, 특히 디지털 기술이 문제로 대두할 때, 정치적 우파에서 유래한 기본적인 용어들과 관련한 정의를 받아들인다.

비트코인 논의에서 반복적으로 등장하는—재정의된—이런 용어들에서 가장 중요한 것은 '자유'와 '정부'인데, 둘 모두 사이버 자유지상주의자 및 정치적 자유지상주자의 수사에서 핵심이다. 에스더 다이슨, 조지 길더, 조지 키워스 그리고 앨빈 토플러(Esther Dyson, George Gilder, George Keyworth and Alvin Toffler 1994)의 〈사이버 공간과 아메리칸드림: 지식 시대의 마그나 카르타〉 선언을 언급하면서 위너(Winner 1997, 16)는 다음과 같이 말한다.

이런 식으로 생각하는 방식의 특징은 자유를 추구하는 사람들의 활동과 이윤을 추구하는 거대 기업의 운영을 융합하려는 경향이다. 〈사이버 공간과 아메리칸드림: 지식 시대의 마그나 카르타〉는 권리, 자유, 접근, 소유권 등 개인에게 적합한 것으로 정당화할 수 있는 개념들을 동원해 거대 다국적 기업들의 계략을 지지한다. "사이버 공간을 소유하는 것은 정부가 아니라 국민이다"라는 선언문의 주장을 우리는 인정해야 한다. 이러한 주장을 사이버 공간은 사람들이 권리와 책임을 나누어왔던 일종의 공유재라는 제안으로 읽을 수도 있다. 그러나 이는 저자들이 전하는 논리가 분명 아니다.

위의 저자들이 옹호하는 '자유'는—그들이 항상 인정하는 것은 아니지만—'자유 시장'이라는 표현에서 사용하는 '자유', 즉 정부 규제로부터의 자유와 일치하는 것으로 드러난다. 정부 권력의 억압적 성격에 대해서만 근본적인—종종 속내를 밝히지 않는—우파의 신념을 발판으로 삼아, 그들은 "값싸고 사회적으로 이용 가능한 대역폭을 풍부하게 창출할 것이라고 그들이 확신하는 정보 채널에 대한 더 많은 권력 집중을 옹호한다. 오늘날 이런 종류의 발전은 기업 합병에서 찾아볼 수 있는데, 기업 합병으로 사이버 공간의 채널뿐만 아니라 사이버 공간이 전달하는 내용에 대한 통제가 엄청나게 집중되어왔다"(Winner 1997, 16). 사실, 위너(Winner 1997) 이후 거의 20년 동안 우리가 지켜본 게 바로 그것이다. 즉, "인터넷 자유"(Powers and Jablonski 2015) 같은 모호한 구호의 미명 아래 디지털 기술이 지구 전체로 확산하면서, 부와 권력이 엄청나게 집중되었다(Hardoon 2015; Piketty 2014).

사이버 자유지상주의의 관점에서 보면, 정부—우리가 잘못 처신한다고 묘사하는 현재의 '나쁜' 정부뿐만 아니라 **모든** 정부—는 본질적으로 소극적〔벌린(Berlin 1958)이 발전시킨 '적극적' 대 '소극적' 자유라는 고전적 의미에서〕 자유를 줄이기 위해서만 존재한다. '자유'롭다는 것은 단지 정부로부터 '자유'롭다는 것이다. "정부는 인터넷을 규제해서는 안 된다"라는 사이버 자유지상주의의 핵심 신념은 정부가 인간의 자유를 장려하는 게 아니라 줄이기 위해 존재한다는 게 사실일 때에만 진정으로 의미가 있다. 하지만 우파가 아닌 대부분의 정치 이론에서 정부는 적지 않은 부분에서 인간의 자유를 **장려하기** 위해 존재한다.

옹호자들은 사이버 자유지상주의의 공약이 권력 **제한**에 관한 것처럼 보이게 만들고, 종종 그것을 믿을 수도 있다. 그러나 이는 우리가 '정부'를 '권력'과 동의어로 그리고 '인터넷'을 적어도 상당 부분 권력과 강하게 공조하고 있는 것이 아니라 권력에 반대하는 것으로 해석할 때에만 오직 맞는 말이다. 이런 관점에 이르는 가장 직접적인 방식은 극우, 특히 머리 로스바드(Murray Rothbard)와 데이비드 프리드먼(David Friedman) 같은 무정부 자본주의 이론가들이 발전시키고 로널드 레이건과 마거릿 대처 같은 정치인들이 그대로 따른 정부에 대한 정의를 받아들이는 것이다. 이 관점에 따르면 '정부'는 **본질적으로** 전체주의적이고 전제적이어서, 사실상 '정부'와 '전제 정치'는 근본적으로 동의어다.

사이버 자유지상주의 교리는 진공 상태에서 발전하지 않았다. 사이버 자유지상주의는 현대 정치의 많은 측면에서 확연하게 볼 수 있는 지대한 우편향 풍조에 잘 들어맞고, 기껏해야 그런 풍조에 저항하기 위해 아무것도 하지 않는다. 이는 미국에서 보통 **자유지상주의**라고 부르는 노골적인 정치적·경제적 독트린과 실천, 그리고 분석가들이 **신자유주의**라고 부르는 좀 덜 노골적인 독트린과의 연결을 검토하면 확실해진다. 〔여기서 자유지상주의는 카토 연구소(Cato Institute), 하트랜드 연구소(Heartland Institute), 미제스 연구소(Mises Institute) 같은 우파의 당파적 기관들이 노골적으로 옹호하는 정치 운동은 물론 티 파티 같은 인조 잔디 운동(풀뿌리 운동을 가장한 운동이라는 뜻으로 사용하는 신조어―옮긴이) 그리고 론 폴(Ron Paul)과 랜드 폴(Rand Paul) 같은 정치적 인물을 의미한다.〕 이런 독트린과 도그마는 모두 프리드리히 아우구스트 폰 하이에크(Friedrich August von Hayek), 루트비히 폰 미제스(Ludwig von Mises), 밀턴 프리드먼(Milton Friedman), 머리 로스바드 같은 우파 핵심 사상가는 물론 그들을 추종하는 자들이 최근에 발표한 저술들에서 유래한다. 그들의 작업을 가장 신랄하게 비판하는 인물은 경제사학자이자 경제이론가인 필립 미로우스키(Philip Mirowski)인데, 나의 분석은 그의 연구에 많이 의존하고 있다. 미로우스키의《심각한 위기가 낭비되게 두지 말자(Never Let a Serious Crisis Go to Waste)》(2014)는 그가 "신자유주의 사상 집단"이라고 부르는 부류, 그리고 이것과 거의 일치하는 단체로 하이에크가 설립하고 회장을 역임한 몽펠르랭 협회(Mont Pelerin Society, MPS)에 대해 가장 포괄적으로 설명한 유일한 책이다.

미로우스키는 그의 동료들과 함께 하이에크 등이 어떻게 신자유주의 독트린을 퍼뜨렸는지 아주 설득력 있게 설명한다. 조금 다른 각도에서 칩 벌릿(Chip Berlet 2009), 칩 벌릿과 매슈 라이언스(Chip Berlet and Matthew Lyons

2000), 클레어 코너(Claire Conner 2013), 세라 다이아몬드 (Sara Diamond 1995), 마이클 페를먼(Michael Perelman 2007), 질 르포어(Jill Lepore 2010) 같은 저자들 그리고 플랜더스 (Flanders)가 편집한 책(2010)의 저자들은 우파의 정치 사상과 실천이 어떻게 이처럼 광범위한 영역에서 작동하는지 자료를 바탕으로 철저하게 입증한다. 몽펠르랭 협회의 독트린에 공공연하게 가담하는 사람이 좌파보다는 우파에서 훨씬 더 많이 발견되는 경향이 있지만, 그래도 아주 다양한 사람들 사이에 우파의 정치사상과 실천이 퍼져 있기 때문이다.

저널리스트 마크 에임스(Mark Ames)는 표면상 이질적인 정치적 이해관계가 특히 실리콘밸리라는 맥락에서 어떻게 협력하는 것처럼 보일 수 있는지를 설명한다. 에임스(Ames 2015)는 오늘날의 기술 대기업과 로비 단체 그리고 세계적인 주요 자원 추출 회사들의 놀라운 동맹 관계를 고찰하면서 다음과 같이 말한다.

우리가 구글과 페이스북의 의도를 여전히 선의로 받아들여, 그 기업들이 카토 연구소와 경쟁기업연구소(Competitive Enterprise Institute: 미국의 자유주의 싱크 탱크—옮긴이)에 투자하는 직접적인 동기가 오바마 케어를 말살해서 힘겹게 살고 있는 수백만 명의 미국인을 무보험과 조기 사망 상태에 빠뜨리려고 하는 게 아니라는 걸 인정하더라도, 그런 것들은 부수적이고 아주 의도적으로 그렇다. 거대 기술 기업의 더 큰 정치적 목표는 오래된 자원 추출 회사의 목표와 동일선상에 있다. 즉, 정부와 공공 정치의 대항력을 잠식해, 커져만 가는 기업들의 시장 지배력을 방해하고 그들이 추악하게 비축한 현금에 과세하는 정부와 공공 정치의 능력을 약화시키는 것이다.

구글은 페이스북이나 코크 인더스트리즈(Koch Industries: 미국의 다국적 복합 기업—옮긴이)처럼 경제와 시민을 지배하는 자신의 사적 권력을 강제할 만큼 충분히 강력한, 그러나 군림하는 그들의 독점적 권력에 맞서 공공의 이익을 적절하게 대변하기엔 지독하게 망가져서 대중으로부터 너무나 동떨어진 정부를 원한다.

이런 식으로 많은 우파 담론은 전혀 경제적이지 않은 쟁점에 초점을 맞추고 있는 것처럼 보일 때라도, 현재의 세계에서 자본과 권력이 가장 집중된 원천을 위해 극도로 잘 작동한다는 게 드러난다.

권력은 정치 분석에서 핵심적인 주제들 가운데 하나다. 누가 권력을 가지고 있는지, 누가 권력을 원하는지, 권력을 가지고 있거나 원하는 사람들이 권력 관리 수단의 창출과 유지에 어떤 관점을 가지고 있는지 등이 바로 그것이다. 우파 정치는 정서적으로 그리고 실질적으로 권력 편이라고 할 수 있다. 즉, 우파 정치는 권력과 동일시되고, 이런 동일시를 통해 권력의 집중과 행사에 아무도 개입하지 못하도록 노력한다. 이런 시각에 따르면 좌파 정치는 권력의 제한에, 권력을 공평하게 분배하는 메커니즘에, 그리고 권력을 견제하지 않고 커지도록 허용할 때 거의 필연적으로 등장하는 권력의 남용에 특히 초점을 맞춘다.

사이퍼펑크(cypherpunk: 프라이버시 강화를 위해 강력한 암호 기술을 옹호하는 사람들─옮긴이)와 암호 무정부주의자들은 권력 남용의 본질적 가능성을 억제하는 권력의 균형과 정기적인 선거가 아니라─제대로 깨닫고 있는 것처럼 보이지 않지만─독일 사회학자 막스 베버〔그는 국가에 대해 "주어진 영토 안에서 물리적인 힘을 정당하게 사용할 수 있는 독점"이라는 유명하면서도 편향적인 정의를 내렸다(Weber 1919, 33 참조. 또한 베버의 정의에 대한 철저한 비판은 Giddens 1985 참조)에서부터 "정부는 문제의 해결책이 아니다. 정부가 문제다"라는 선언으로 널리 알려진 로널드 레이건의 1981년 취임사에까지 퍼져 있는 극우, 자유지상주의 및 무정부 자본주의가 내린 정부의 개념을 받아들인다. 신자유주의 경제 독트린의 창시에 핵심 역할을 한 밀턴 프리드먼은 《왜 정부가 문제인가(Why Government Is the Problem)》(1993)에서 더 장황하게 같은 주장을 펼쳤다.

이런 시각을 가장 명확히 표현한 것은 최고의 우파 사상가이자 카토 연구소 공동 설립자인 머리 로스바드다. 로스바드는 1974년에 처음 발간한 《평등주의, 자연을 거스르는 반란(Egalitarianism as a Revolt against Nature)》에 수록된 '국가의 해부'라는 글에서 하이에크 이전의 정치 이론 거의 전부를 불쑥 일축하고서는, 하이에크를 하이에크 자신이 가고자 했던 것보다 훨씬 더 멀리 몰고 간다. 적어도 문맥상으로는 그렇다. 로스바드가 전개하는 견해는 노골적으로 파시즘과 자신을 동일시하는 사람들을 제외하면 서구 담론의 정치적 우파에서 가장 멀리 나아간 사람들의 입장임이 거의 확실하다. "그러므로 '우리'는 정부가 아니고, 정부는 '우리'가 아니라는 점을 우리는 강조해야 한다. 정부는 정확한 의미에서 보면, 어떻게라도 국민 대다수를 '대표'하지 못한다"고 로스바드는 말한다(Rothbard 1974, 56). 로스바드는 자신의 주장이나 분석을 뒷받침하지도 않으면서 민주주의 규칙이 기반으로 삼는 거의 모든 정치 이론〔심지어 추상적인 의미에서, "군주는 자신이 통치하는 국민을 대표한다"고 말한 군주론자 토머스 홉스(Thomas Hobbes)의 사상까지〕과 대의제 민주주의 이론 전체를 일축한다.

이런 시각에 한계가 있다면—이러한 한계조차 현재의 사이퍼펑크와 암호 무정부주의자들은 말과 행동으로 빈번하게 넘어서지만—오직 정부만 폭력을 **행사**할 수 있고, 민간 기관이나 기업이 물리적 폭력처럼 보이는 일에 개입할 때라도 이는 정부가 행사하는 것과는 어떤 면에서 다른 종류라는 기이한 의견을 제시한다는 점이다. 더 기이하게도 이런 시각은 민주주의 정부가 다른 형태의 권력과 사실상 구별되는 것(권력이 도출되는 국민에게 직접 책임을 지는 것)에 대해 거짓말을 한다고, 동시에 자본과 시장에서 파생된 권력은 시민들에게 책임을 진다고 여긴다. 더 나쁘게도 이런 시각에 따르면, 시장에 기반한 형태의 책무성이 대의제 정부에 내재된 (선거에 의한 그리고 법적인) 책무성을 능가할 뿐만 아니라, 우파가 정부를 상습적으로 굴복시킨다는 정치적 비판으로부터 기업 세력을 지켜준다. 달리 말하면, 기업이 얼마나 많은 권력을 취할지라도 기업의 권력은 정부의 권력과는 본질적으로 달라 절대로 '악'이 될 수 없다는 것이다.

노골적인 우파 담론과 좀더 일반적인 정치적 논의 사이를 상당히 쉽게 오가는, 그러나 우파의 정치적 행동을 위한 표어로 쓰이는 핵심 용어들이 있다. 가장 두드러지고 비트코인과 가장 관련이 깊은 핵심어 두 가지는 '전제 정치'와 '자유'다. 우파가 이런 단어를 사용할 때, 그 일반적 의미는 제거된다. 그들은 이를 정치사상 전반에 접목시켜, 사회 보장이나 메디케어(Medicare: 65세 이상이나 장애인이 가입할 수 있는 미국의 공적 건강보험—옮긴이)가 '자유'를 훼손하고 '전제 정치'를 구성한다는 걸 근거로 삼아, 사회 보장이나 메디케어를 반대하는 것이 합리적으로 보일 수 있게끔 만든다. 그렇지만 이러한 평가를 일관성 있게 만들 수 있는 실질적인 정치사상은 현저히 부족하다. 우파의 이데올로그이자 토크쇼 진행자인 마크 레빈(Mark Levin)이 자신의 베스트셀러에 《자유와 전제 정치: 보수주의 선언(Liberty and Tyranny: A Conservative Manifesto)》(2009)이라는 제목을 붙인다거나, "미국 건국의 아버지들은 자유의 가장 큰 위협은 전권을 가진 중앙 정부라고 이해했다"(Levin 2009, 4), "보수주의는 전제 정치의 해독제다"(Levin 2009, 11) 같은 엉터리 주장을 하는 것은 우연이 아니다. 레빈에게 미국에서 가장 대표적인 '전제 정치'는 뉴딜 정책의 일환으로 시행된 사회 프로그램이다(Levin 2009, 6-7). 진짜 전제 정치에 대한 우리의 혐오에도 불구하고, 이처럼 우파는 민주적으로 이뤄진 체계와 프로그램 같은 것들에 **반대**함으로써 포퓰리즘 에너지를 유인하고 활성화하기 위해 '자유'와 '전제 정치'라는 단어를 사용한다. 민주적으로 이뤄진 체계와 프로그램의 주된 목적이 경제 권력의 집중으로 인해 개인의 자유가 전제적으로 침해되는 걸 제한하는 것인데도 말이다. 〔퍼딩턴(Puddington 2013)은 티 파티가 사용하는 '전제 정치'라는 단어와 관련해 이런 역동성을 설명한다.〕 그 효과는 이러한 권력 집중이 한층 더 가능하도록, 그리고 감시에 한층 덜 노출되도록 하는 것이다. 아울러 바로 이것이 비트코인이 추구하는 방향이다.

비트코인에 대해서는 언급할 만한 것들이 많다. 비트코인 기술에 대한 구체적인 묘사, 비트코인 사용의 상세한 역사, 비트코인과 관련 있는 스캔들과 위업에 대한 설명, 또는 비트코인 탄생과 그 후의 사용에 연루된 다양한 인물들의 신상 제공이 이 짧은 책의 관심사는 아니다. (이에 대한 좋은 입문서로는 다음과 같은 것들이 있다. Lanchester 2016; Murray 2013; Pagliery 2014; Payne 2013; Popper 2015; Robinson 2014; Scott 2016.) 이 책의 목표는 좀더 제한적이다. 요컨대 이따금 극단적인 밀턴 프리드먼의 시카고학파 경제학부터 연방준비제도 음모론자들의 노골적인 극단주의까지 침투한 이념들에서 비트코인이 기반으로 삼고 있는 정치적·경제적 사상이 얼마나 많이 직접적으로 도출되는지를 보여주는 것이 이 책의 목표다. 비트코인을 '믿는' 많은 사람이 자신은 이런 이론에 찬성하지 않는다고 생각한다. 이는 의심할 여지가 없지만, 그들은 극우에서 도출되는 가정과 개념에 빈번하게 기대고 있다. 현재 비트코인과 그 기반인 블록체인 기술이 제자리를 잡으면서, 그것들은 극우 정치와 관련해서만 의미 있는 요구를 충족시켜준다. 그러므로 이런 정치에 공감하지 않는 우리는 우리 주변의 담론에서 거론되는 정치적 용어와 개념에 의구심을 갖고 비트코인과 블록체인을 분명히 직시해야 한다.

나는 가끔 명백하게 좌파 정치에 몸담고 있는 사람들 사이에 퍼진 비트코인 열풍에 대해 설명해달라는 요청을 받는다. 분석적으로 그에 선행하는 두 가지 질문을 하는 게 내 대답이다. 첫째, 정치적 우파가 선호하는 권력을 확대하기 위해 특별히 개발된 기술에 돌연변이가 일어나 그 같은 권력이 아니라 그들이 반대하는 세력에 복무하는 현상이 어디서 어떻게 일어났는지 설명해달라고 질문한다. 그리고 둘째, (마르크스주의든 케인스주의든) 좌파 사상에서 나와 비트코인의 필요와 효용에도 통하는 경제적 그리고 정치경제적 근거에 대해 설명해달라고 질문한다. 그에 대한 대답은 거의 한목소리로, 내가 여기에서 설명한 중앙은행과 정부의 전제 정치에 대한 우파의 미사여구, 그리고 비트코인에 아주 회의적이지 않은 미사여구(예를 들면 Bauwens 2014)를 반복한다. 아마도 비트코인과 블록체인

을 탄생시킨 정치, 그리고 비트코인과 블록체인이 계속해
서 구현하려는 정치와는 다른 정치에 비트코인과 블록체인
이 도움을 줄 수 있을 것이다. 그래서 나의 목표는 이런 정
치에 자료를 제공하고 비(非)우파 비트코인 정치가 극복해
야 할 것을 보여주는 데 있다.

2 중앙은행, 인플레이션 그리고 우파 극단주의

1960년대와 1970년대에 '존 버치 협회(JBS)'는 미국 전역에서 가장 유명한 우파 극단주의의 대표였다. JBS의 설립자 로버트 웰치(Robert Welch)가 1966년 이 협회 기관지 〈미국 여론(American Opinion)〉에 발표한 '시대의 진실'이라는 글은 미국 우파 극단주의의 핵심 텍스트로 남아 있다. 당시 우파가 그랬던 것처럼 "완전한 음모의 도구일 뿐"인 "공산주의 음모의 위협"에 사로잡힌 웰치의 선동은 "인사이더"라고 불리는 "지배 도당(ruling clique)"으로 향했다. 웰치는 이렇게 썼다. "인도주의라는 가면 아래 그리고 자유와 형제애를 도모한다는 핑계로, 이들 **인사이더**와 그들의 하수인 노룻을 하는 아둔한 이상주의자들은 우리가 힘들여 달성한 19세기 문명을 최고 수위로 만든 바로 그 신념과 제도를 부지런히 잠식하고 있다."

웰치와 JBS에 따르면, 이 "인사이더들"의 주요 도구는 "진보적인 입법"이었다. 이 관점에서 보면, "물론 아주 고상한 의도만 갖고 있는 이상주의들이 만든" 노동자 산재 보상과 메디케어 같은 모든 사회 복지 프로그램은 "진보의 이름으로 도입된 부패 덩어리"였다. 이러한 조처의 목표는 "시민들 각자의 책임과 권리를 축소하면서, 정부의 재량과 범위 그리고 전제 정치의 잠재력을 꾸준히 늘리는 것"이었다. 그리고 이러한 목표를 달성하기 위한 도구 가운데 최고는 "중앙은행, 누진적인 개인 소득세, 상원의원의 직접 선출 같은 …… 결정적으로 중요한 조처들"이었다.

웰치는 '중앙은행'이라는 말로 특별히 미국의 연방준비제도를 언급하는데, 연방준비제도는 1913년 연방준비법에 의거해 탄생한 후 미국에서 극우의 시금석이 되어왔다. 웰치는 이 연방준비제도에 대해 다음과 같이 말한다.

원대한 의미와 용도는 설립 당시 평계로 삼았던 목적하에 잘 은폐될 수 있었다. 그리고 음모가들이 노린 궁극적 가치는 설립 초기에 고위직으로 끌어들인 훌륭한 인물들의 성격과 능력 덕분에 엄청나게 증진될 수 있었다. 그러나 연방준비제도의 기능과 명성이─때가 되면 그리고 실제로 시행하면서─불가피하게 의미하는 바는 연방 정부의 이름으로 행해지는 신용 조절, 통화 공급 조절, 갈수록 과도해지는 소비 능력 그리고 화폐의 평가 절하로 국민에게서 끊임없이 훔치는 수단이었다.

인플레이션은 '세금'이라고 웰치는 주장한다. 그래서 〈화폐란 무엇인가?〉라는 JBS의 2009년 팸플릿이 언급하듯 "화폐 가치는 결국 인플레이션을 만드는 사람들의 수중으로 들어간다". 인플레이션은 물가 상승이라는 표준 경제학의 정의 대신, JBS는 "유통 통화량의 증가"라고 말한다. 인플레이션이 유통량 증가 없이도 빈번하게 발생함에도 불구하고 그렇다(포괄적인 논의를 위해서는 Frisch 1983 참조). 인플레이션에는 많은 원인이 있을 수 있고, 화폐 인쇄는 그중 하나일 뿐이다. 하지만 JBS에 따르면, 연방준비제도는 미국에서 화폐 인쇄 권한을 유일하게 부여받았기 때문에(연방준비제도는 화폐를 인쇄할 권한이 사실상 없다(Federal Reserve Bank of St. Louis 2015b 참조)), 인플레이션의 원천일 뿐만 아니라 **수혜자**이기도 하고, "화폐 공급을 팽창시켜서 …… 이미 유통 중인 화폐를 평가절하한다"(John Birch Society, 5). 따라서 이 주장의 핵심은 다음과 같다. "연방준비제도 수립 이래 미국 달러는 구매력을 95퍼센트 이상 상실한 반면, 연방준비제도는 은행권이나 현금의 발행에서 독점을 유지하고 있다"(John Birch Society, 4).

이런 설명은 여러 중요한 측면에서 경제 원칙을 근본적으로 잘못 진술하고 있다. 대부분의 경제학자는 (악성이 아닌) 온건한 인플레이션은 특히 상품 생산을 장려해 경제에 **유익**하다고 생각한다. 생산자가 돈을 보유해서 얻을 수 있는 것보다 결국에는 상품이 더 많이 팔릴 수 있기 때문이다. 〔이런 역동성의 역전 현상이 디플레이션에 반대하는 주요 논거다(Burdekin and Siklos 2004; Frisch 1983 참조).〕 1913년과 2009년의 달러 가치를 비교하는 것은 극단적인 기만이다. 그런 비교는 임금 상승, 저축 이자율, 달러를 자본 시장이나 산업에 투자할 가능성 같은 결정적 요인을 고려하지 않기 때문이다. 경제사를 음모론적이 아닌 방식으로 고려하면, 은행 저축처럼 단순한 곳에 복리로 투자한 1달러는 단순 인플레이션율이 제공하는 것보다 대체로 훨씬 더 큰 가치를 지닐 것이다. 심지어 조금만 더 공격적으로 투자하면 훨씬 더 높은 수익을 올릴 수 있다. 아주 더 합리적으로 비교하려면, 서로 다른 두 환경에서 동일한 상품(예를 들면, 우유 한 통이나 밀가루 한 포대)을 구입하기 위해 노동자가 더 많이 일해야 하는지, 아니면 더 적게 일해도 되는지 질문해야 할 것이다. 경제학자들이 미가공 수치가 아니라 **인플레이션을 감안해서** 그런 통계를 계산하는 이유는 바로 그 때문이다. 요점은 경제에서 모든 가격은 노동을 포함해 인플레이션에 조정되는 경향이 있다는 것이다. 1913년에 1달러를 번 노동으로 2009년에는 약 21.67달러를 벌 수 있고, 2009년에 21.67달러로 살 수 있는 것을 1913년에는 약 1달러로 살 수 있다.* 이는 재앙도 '숨겨진 세금'도 '가치 파괴'도 아니다. 그러나 맥락을 고려하지 않고 따로 떼어서 보면, 노동과 경제사에 관해 완전히 왜곡된 시각을 제공할 수

---

* 미국 노동통계국의 인플레이션 계산기로 계산. http://www.bls.gov/data/.

있다. 인플레이션은 '가치 파괴'이고 미국 달러는 100년을 지나는 동안 구매력을 거의 또는 완전히 상실했다는 생각은 오랫동안 음모론의 기본 요소였고, 앨릭스 존스 같은 선동가들이 금과 귀금속을 구매하도록 (의심하지 않는 사람들을) 충동질하기 위해 상당히 많이 사용하는 아이디어다(인플레이션 음모론 일반에 대해서는 Aziz 2014; Krugman 2011 참조. 론 폴의 인플레이션 음모론 사용 방식에 대해서는 Foxman 2012 참조).

극단주의자들이 인플레이션을 규정하는 방식은 JBS와 여러 우파의 선전 및 보급을 거친 대중적 담론의 한 갈래에서 나왔을 수도 있다. 하지만 그것은 시카고학파 및 몽펠르랭 협회와 관련된 신자유주의 독트린 설계자들이 개발하고 가꾼 이론이었다. 이들 가운데 우두머리는 몽펠르랭 협회 창립자이자 1970년대 초에 회장을 역임하고 시카고 대학 경제학 교수로 있던 밀턴 프리드먼이었다. 최소한 1950년대 이래 프리드먼은 인플레이션에 대해 아주 독특한 관점을 설파했는데, 그것은 "인플레이션은 항상 그리고 어디서나 화폐 현상이다"(Friedman 1963)라는 그의 유명한 말로 요약할 수 있다. 이 문제는 경제학자들에게 풀기 어렵고 기술적인 문제처럼 보였을지 모르지만 결국에는 새로운 형태의 우파 실천을 보증하게 되었다. 그래서 신자유주의자들은 자신의 선배들이 했던 것처럼 정부에 시장에서 '손을 떼는' 정책을 펼 것을 요구하는 대신 자신들의 목적을 위해 국가 권력을 통제하길 원했다. 말하자면 "신자유주의 프로젝트의 기본적 야심은 국가를 파괴하는 게 아니라 국가의 모습과 기능을 재정의하는 것이다"(Mirowski 2014, 56). 1981년 미국 대통령 로널드 레이건의 선임 고문으로 채용되었을 때, 프리드먼은 통화주의라고 불리는 프로그램의 최고 설계자로 우뚝 섰다. **통화주의**에 따르면, 통화 공급의 지속적인 조정을 통해 인플레이션을 통제한다. 따라서 프리드먼은 "연방준비제도가 존재하는 한 그걸 어떻게 운영해야 할지에 대해 많이" 언급하면서도 "연방준비제도가 폐지되기"를 바랄 수 있었다(Doherty 1995).

현재의 많은 극단적 우파의 정치적 언명처럼 프리드먼의 인플레이션 재정의는 심각하게 받아들이는 사람이 거의 없는 주변 이론으로 시작되었다. 그러다가 주류 경제 이론이 기댈 수 있는 안전장치가 되었고, 이어 신자유주의 이론이 삼가라고 주장하는 국가 권력을 직접 행사하면서 우격다짐으로 주류를 차지했다. 그때 비(非)우파 사상가들이 제기한 것은 미온적인 저항뿐이었다. 대부분의 비(非)극우 이론이 인플레이션의 다양한 원인을 상정하거나(Frisch 1983; Mishkin 1984), 기껏 "인플레이션을 유발하는 통화 정책이 왜 생기는지 이해할 필요가 있기 때문에 인플레이션이 화폐 현상이라는 결론은 인플레이션의 원인에 대한 쟁점을 해결하지 못한다"(Mishkin 1984, 3)는 의견을 제시했음에도 불구하고 프리드먼의 도그마는 우파에서 꿋꿋하게 버티고 있다. 최근의 경험적 연구들은 프리드먼 주장의 사실적 근거조차도 논란의 대상으로 삼는다(Aziz 2013; Tutino and Zarazaga 2014). 폴 크루그먼(Paul Krugman)은 프리드먼의 생애와 연구를 요약하면서 다음과 같이 말했다. "프리드먼이 '화폐'와 화폐 정책에 대해 말한 것 중 일부는 그가 소비와 인플레이션에 대해 말한 것과 달리 오해를 불러일으킨 것 같은데, 어쩌면 고의적으로 그랬을지 모른다." 이것은 프리드먼의 이론이 정확할 가능성이라곤 없는, 그 자체로 완전히 극단주의적인 이데올로기라는 얘기는 아니다. 하지만 그의 이론은 오랫동안 극단적이라고 간주되었고, 프리드먼의 신자유주의 정치에 공감하지 않는 많은 이들은 계속해서 그렇게 생각한다. 그리고 그의 이론은 오늘날 신자유주의 정치 이데올로기가 딛고 서 있는 결정적인 발판 역할을 한다(Mirowski 2014). 크루그먼과 미로우스키에 의하면, 프리드먼의 이론은 경제 정책으로서 영향력뿐만 아니라 그걸 촉진하고자 하는 정치 프로그램을 위해 제시되었을 수도 있다. 이런 효과는 많은 비트코인 담론에서 발견할 수 있는데, 그러한 담론은 프리드먼의 논점을 단순화한 극우 버전을 채택해서 인플레이션은 중앙은행의 '화폐 인쇄'의 다른 이름일 뿐이라고 주장한다. 가장 멀리 간 노골적인 무정부 자본주의 분파(예를 들면 Frisby 2014)부터 신뢰할 수 있는 주류(예를 들면 〈월스트리트 저널〉의 기고자 Vigna and Casey 2015; 〈CNNMoney〉의 기자 Pagliery 2014)까지 인플레이션이 화폐적 현상이라고, 총공급량의 제한으로 인해 비트코인이 인플레이션 감염에 면역되어 있다고 똑같은 주장을 펼친다.

현재의 연방준비제도 음모론과 유사한 요소는 유스터스 멀린스(Eustace Mullins)의 저술에서도 발견할 수 있다. 그는 20세기 미국에서 가장 유명하고 극단적인 음모론자 중 한

명이자 1952년에 발간된 《누가 99%를 터는가: 미국 연방
준비제도의 비밀과 런던 커넥션(The Secrets of the Federal
Reserve)》의 저자이기도 하다. 홀로코스트의 존재를 부인하
는 신랄한 반유대주의자 멀린스는 워싱턴 D.C.의 세인트
엘리자베스 병원에 있는 에즈라 파운드(Ezra Pound)를 방문
하는 동안 연방준비제도에 대해 알게 되었다. 에즈라 파운
드는 제2차 세계대전 중 파시스트 라디오 방송을 한 반역
죄로 형사 기소되는 대신 그 병원에 갇혀 있었다. 멀린스
(Mullins 1993, 6)는 그를 '정치범'이라고 불렀다. 인종차별주
의적 포퓰리즘과 연방준비제도에 반대하는 음모론이 연결
된 것은 우연이 아니다. 그것들은 적어도 연방준비제도의
탄생 이래 긴밀한 관련을 맺어왔다. 벌럿과 라이언스(Berlet
and Lyons 2000, 194)는 그 기원을 적어도 1873년의 은본위
제 폐지까지로 훨씬 더 올려 잡는다. 은본위제 폐지를 필경
"영국인, 유대인, 월스트리트 은행가들의 비밀 결사단"이
조율했을 것이라고 보기 때문이다. 어떤 면에서 보면 그 비
밀 결사단은 미국 공화국 수립까지 거슬러 올라간다(Brands
2006; Michaels 1988).

　　멀린스가 보기에 연방준비제도의 '비밀'은 금본위제

해체 뒤에 숨은 '비밀'과 놀랄 만큼 흡사하다. 금본위제 해체는 '평범한 사람들'(사실상 상당한 자산을 귀금속으로 소유할 만큼 충분한 부자들)의 재산 가치를 무대 뒤에서 은밀히 활동하는 다른 부자들이 빼앗으려는 교묘한 술책이었다. 이 계획의 주요 설계자는 로스차일드(Rothschild) 가문인데, 그들은 영국인이자 유대인인지라 미국 포퓰리스트들의 민족주의적이고 인종차별주의적인 충동을 자극했다.

미국에서 가장 힘 있는 사람들은 다른 권력, 즉 외국의 권력이자 갓 태어난 미국 공화국에 그 시초부터 통제권 확장을 확고하게 추구해온 권력에 스스로 책임을 졌다. 이것은 영국의 금융 권력으로, 로스차일드 가문의 영국 지사가 중심이었다. 사실을 말하자면, 1910년에 미국은 실제로는 영국의 지배를 받고 있었고, 오늘날에도 그렇다. 미국에서 10대 은행 지주 회사는 일부 은행 가문들의 손안에 들어가 있고, 그 가문들은 모두 런던에 지사를 두었다. 모건(J. P. Morgan), 브라운 브라더스 해리먼(Brown Brothers Harriman), 워버그(Warburg), 쿤 러브(Kuhn Loeb) 그리고 헨리 슈로더(J. Henry Schroder)가 그들이다. 이들은 모두

로스차일드 가문과 특히 금 가격 조작으로 국제 자금 시장을 통제하는 로스차일드 방식을 통해 긴밀한 관계를 유지하고 있다(Mullins 1993, 62-63).

연방준비제도가 분노에 찬 멀린스의 표면적인 공격 표적이지만, 연방준비제도는 음모론을 펼치는 그의 다른 공격 표적들과 급속히 거의 구별할 수 없게 되었다는 걸 지적하지 않을 수 없다. 그의 다른 음모론에 의하면, 로스차일드 가문은 유대인이면서 미국을 시초부터 비밀리에 통제해온 일루미나티〔Illuminati: 광명회(光明會)라고도 알려진 비밀 결사단. 장막 뒤에서 세계를 움직이고 정복하려 한다는 음모론의 대상 중 하나―옮긴이〕이고, 오늘날까지도 그렇다. 〔다른 책에서 이런 연관성은 더 노골적이다(Mullins 1992 참조).〕

멀린스는 1993년 《누가 99%를 터는가》 개정판에 '런던 커넥션'이라는 부제를 붙이면서, 하나의 가문이 미국 금융 시스템을 조율하는 책임을 계속해서 지고 있다고 분명히 밝힌다. "금리와 전체 연방준비제도의 운영 규모를 설정하는 뉴욕 연방준비은행의 지배 지분은 '런던 커넥션'이 직접 지배하는 은행, 즉 로스차일드 가문이 지배하는 영국

중앙은행의 영향을 크게 받는다"(Mullins 1993, 203). 이런 사고방식은 미국의 애국자 운동과 민병대 그리고 티 파티 등의 운동(Flanders 2010; Lepore 2010; Skocpol and Williamson 2013), 앨릭스 존스, 헨리 매코(Henry Makow), 데이비드 아이크 같은 유명한 음모론자들이 오늘날 생산해내는 음모론 선전에서 거의 동일한 형태로 발견할 수 있다. 이런 시각은 멀린스뿐만 아니라 마틴 라슨(Martin Larson 1975), 랠프 에퍼슨(Ralph Epperson 1985), 에드워드 그리핀(Edward Griffin)―그의 저서 《지킬섬의 괴물(Creature from Jekyll Island)》(1998)(연방준비법의 초안을 작성한 곳이 조지아주의 지킬섬으로 알려져 있어, 이 책의 제목은 연방준비은행을 의미한다―옮긴이)에는 론 폴의 추천사가 있다―그리고 머리 로스바드(Murray Rothbard 2002)의 저술들에서도 천명되었다. 여기에는 또한 멀린스와 거의 동일한 분석을 제시하는 호지슨 브라운(Hodgson Brown 2008)과 우파의 모습을 노골적으로 드러내지 않는 다른 저자들도 있다. 그리고 다방면에 걸친 음모론자 앤서니 서튼(Anthony Sutton)은 고증이 잘 된 역사를 정교한 추측과 섞어놓는다. 금융과 연방준비제도에 관한 그의 저술(Sutton 1995)에는 멀린스 등에서 발견할 수 있는 것과 똑같은 '사실'과 추론이 많이 반복된다.

비트코인에 열광하는 사람들은 이런 저자들의 자료를—그
것의 기원을 알든 모르든—거의 똑같은 말로 재포장한다.
디지털 문화는 대부분 일반적으로 우파 성향이지만, 중앙
은행 음모론은 비교적 새로운 것이어서 비트코인과 블록체
인의 도입으로 그 기반을 다졌다. 비트코인 문헌도 중앙은
행 음모론 저술들에서처럼 연방준비제도는 진정한 목적을
은폐하는 민간 은행이라고 말한다. 즉, 연방준비제도는 일
부 시민들에게서 돈을 훔쳐 연방준비제도를 지배하는 '엘
리트들'의 손에 넣어준다, 연방준비제도 자체가 로스차일드
같은 유대인과 영국의 은행 가문들로 구성된 엘리트들의
그림자 집단에 의해 암암리에 운영된다 등등이 그것이다.
　　비트코인 문헌은 또한 더 교묘한 극단주의적 주장을
제시하는데, 그에 따르면 인플레이션과 디플레이션은 소비
자 물가, 상품과 자산 가치, 노동의 생산성 등과 같은 경제
의 전통적 측면이 아니라 화폐 정책으로 인해 발생한다. 중
앙은행은 외부 경제의 **압력**에 대응해 인플레이션과 디플레

이션을 관리하기 위한 조치를 취한다는 훨씬 더 주류적인 시각이 아니라, 인플레이션과 디플레이션은 중앙은행 조치의 **결과**라는 생각을 고취하는 것이 우파적 금융 사고(思考)의 기본적 특징이다. 이런 시각은 놀라울 정도로 집요하게 반복되지만, 공개적인 정치적 입장과 상관없이 비트코인에 대해 상당히 비중 있는 논의를 비판적으로 검토하지 않는 것은 놀라울 정도다.

비트코인 집단에게서 우리가 어김없이 발견하는 극단주의적 사고의 세 번째 기둥은 비트코인에만 한정되어 있지 않고, 사이퍼펑크와 암호 무정부주의자 그리고 '인터넷 자유' 같은 막연한 디지털 신조를 옹호하는 자들의 디지털 세계에 더 만연해 있다. 이것은 컴퓨터 기반 전문 지식이 다른 모든 형태의 전문 지식을 이긴다는 추정이다. 세상의 모든 것은 궁극적으로 계산 과정으로 환원되기 때문이다. (이러한 관점은 종종 **계산주의**(computationalism)로 알려져 있다 (Golumbia 2009).) 이런 컴퓨터 중심 시각은 디지털 문화 전체에서 매우 공통적이며, 비트코인 논의에서는 특히 두드러진다. 이는 이런 전문 지식이 없으면 비평가에게서 그 주제에 대해 발언할 자격을 박탈한다는 의미다. 물론 경제학이나 재정학 같은 분야도 그 자체로 고도의 전문적 성격이 있지만, 그런 식의 전문 지식은 인정받지 못한다. 스스로 정한 유의미하고 무의미한 기준에 기초해 사람들을 선별적으로 평가하는 것은 벌릿(Berlet 2009, 26) 같은 비판자들이 현대 우파 운동에 만연해 있다고 여기는 **생산주의**와 **반엘리트주의** 그리고 **반지성주의** 경향과 불편하지만 잘 어울린다. '엘리트' '기성 체제' '학구적' 같은 핵심 용어는 비계산적인 모든 형태의 전문 지식을 적어도 때에 따라서 거부한다는 신호다.

극단주의적 사고의 마지막 네 번째 기둥도 비트코인 담론 안팎에서 모두 발견되지만, 특히 비트코인 담론 안에서 강력해 보인다. 이 사고에 따르면, 정부는 그 자체가 본질적으로 악이다. 이는 민주주의 정치체에 대해 책임을 진다는 의미에서가 **아니라** 다른 형태의 권력과 질적으로 구별되는 악이다. 물론 이런 시각은 로스바드의 무정부 자본주의 사상, 레이건과 대처를 비롯해 그 지지자들인 코크 형제, 카토 연구소, 헤리티지 재단 그리고 무수히 많은 이들의 반정부적 신자유주의 독트린에서 어느 정도 직접 유래한다. 또한 이런 시각은 암호 무정부주의자와 사이퍼펑크들에게서 직접 유래한다. 아울러 그보다 정도는 좀 덜하지만 인터넷 규제에 반대하는 사이버 자유지상주의의 일반적 성향에서도 직접 유래한다. 그리고 대부분의 '프라이버시 옹호자들'이 정부가 하고 있는 것처럼 보이는 데에는 많은 에너지를 쏟지만 기업이 하고 있는 것으로 증명할 수 있는 데에는 에너지를 거의 쏟지 않는 방식에서도 직접 유래한다. 궁극적으로 보면, 이런 관점은 현행 정부가 단지 부패하고 잘못된 길로 들어서고 있다고만 주장하는 게 아니다. 거버넌스 프로젝트 자체가 시대에 뒤떨어진 사고이므로 시장(market)이나 시장 같은(market-like) 메커니즘으로 대체해야 한다는 것이다. 그런데 이런 것들은 권력의 집중에 아무런 저항도, 우리에게 책임이 있는 권력을 남용하는 이들을 제어할 수 있는 시장의 힘을 넘어서는 그 어떤 공식적인 수단도 제공하지 못한다. 그들이 현재 세계에서 하는 정치적 활동에는 걸맞을지 모르겠지만—많은 면에서 역설적으로—오늘날의 세계가 마치 제어되지 않는 '전제 정치'인 것 같은 그림을 그리는 음모론적 신념 체계는 바로 그런 전제 정치가 등장하는 길을 닦는 데 기여한다.

정통적인 정치적 시각이나 지배적인 정치적 시각의

대안을 이따금 자처하기도 하는 많은 이질적인 종류의 사고를 배격하기 위해 음모론이라는 용어를 사용하지만, 음모론이 모두 같은 것은 아니다. 〔최근 '음모론'의 범위와 음모론의 다양한 의미를 학문적으로 다룬 것으로는 Birchall 2006; Bratich 2008 참조. 멀로이(Mulloy 2005)는 미국의 우파 극단주의 단체들이 사용하는 음모론이라는 용어를 충실하게 설명한다.〕 한때 음모론으로 보이던 시각이 훗날 확립된 또는 심지어 입증된 역사가 될 수도 있다. 그 반대로, 확립된 역사가 나중에 조작된 것으로 판명 날 수도 있다. 어떤 사고에 '음모론' 딱지를 붙이기만 하면 그것이 반드시 허위라는 의미는 아니다. 그러나 비트코인과 관련한 음모론은 미국과 유럽에서 진행되고 있는 모든 정치 담론의 노선 가운데 가장 깊게 뿌리를 내려 널리 퍼져 있고, 정치적인 의미도 있지만 증명되지 않은 음모론이다. 그것이 담고 있는 진실의 고갱이가 아무리 미미하더라도(거칠게 보면, 아주 부유하고 정치적으로 강력한 권력을 쥔 사람들은 우리가 믿고 싶어 하는 것보다 훨씬 더 많은 영향력을 우리에게 행사한다), 그것은 세계의 많은 주요한 역사적 사건에 실질적인 책임이 있는 숨겨진, '절대적인 권력을 가진' 근본적으로 사악한 인종적이거나 종교적인 타자에 투영되어 거의 완전히 감추어져 있다. 이런 이론은 극단적인 정치적 우파에 거의 배타적으로 스며 있고, (어느 정도 역설적으로) 이런 이론에 수긍하는 이들의 정치적 에너지를 동원하거나 수용하는 데 쓰인다. 비트코인 수사뿐만 아니라 소프트웨어이자 통화로서 실질적인 비트코인의 기능을 지배하는 것은 이런 음모론이다. 따라서 비트코인은 최근까지 이론이었던 것을 실행에 옮겨 우파 극단주의를 활성화하거나 집행한다고 말할 수 있다.

우파의 사고와 실천에 깊숙이 개입한 비트코인을 짧게 탐구하는 이 책에 담을 수 있는 것보다 비트코인과 그 문화 그리고 심지어 비트코인 정치에 대해 말할 수 있는 것은 훨씬 더 많다. 이 책에서 나의 유일한 목표는 이 특수한 사고 노선을 추적하는 것이다. 이는 시급하기도 하고, 이 사고 노선을 일부 미디어에서 종종 잘못 이해해왔으며, 비트코인 전파자들이 계속해서 잘못 전달하고 있기 때문이다. 요점은 비트코인이 우파에게 매력적이라는 게 아니라, 비트코인과 블록체인은 우파의 가정(假定)에 의존하고 있으며, 마치 그것들이 만들어진 맥락에서 분리될 수 있을 것처럼 우파의 가정을 확산하는 데 기여하고 있다는 것이다.

그런 맥락을 모르면 비트코인은—많은 우파의 수사처럼—
그 내용과 사회적 기능을 알아채지 못하게끔 하는 수단을
갖춘 정치를 퍼뜨리고 확고하게 뿌리 내리도록 하는 데 기
여한다.

비트코인 개요

대부분의 사람들은 비트코인을 디지털 화폐로 처음 접한다. (이는 간단명료하지만, 비트코인이 '진짜' 화폐인지는 논란거리다.) 비트코인은 전적으로 디지털 '객체'다. 하지만 이렇게 말하면 세계의 표준 통화를 비롯해 오늘날 완전히 또는 거의 완전히 디지털 형태로 존재하는 여느 통화들과 얼마나 다른지 알 수 없다. 사람들은 다른 어떤 통화로도 거래할 수 있는 것처럼 비트코인을 사고팔고, 거래하고, 다른 통화와 교환할 수 있다. 비트코인을 미국 달러나 유로 또는 엔으로 살 수 있는 거래소도 있다. 모든 통화처럼 이 거래가 이뤄지는 환율이 있고, 이 환율은 지속적으로 변한다. 비트코인 '가격'을 말할 때, 이는 보통 세계 통화들 가운데 하나와 관련이 있는 것이다.

달러를 비롯해 다른 형태의 디지털 화폐처럼 사용자들은 비트코인을 '은행' 같은 계좌에 저장할 수 있다. 비트코인의 경우, 대체로 이는 전형적인 은행이 아니라 이 목적을 위해 특별히 만든 교환소다. 지금은 폐쇄된 마운트 곡스(Mt. Gox: 2006년 일본에 설립되어 세계 최대 비트코인 거래소로 성장했으나 해킹으로 2014년 파산했다—옮긴이)처럼(Rizzo 2014b), 많은 거래소가 사기와 도난의 표적이 되어왔는데, 이는 비트코인의 반정부적 명성과 규제에 대한 적대감에 일부 기인한다. 다른 형태의 디지털 화폐와 달리 사용자들은 '비트코인 지갑'이라고 부르는 소프트웨어 일부를 자기 컴퓨터에서 작동시킬 수 있고, 자신의 비트코인을 온라인 계좌가 아니라 그곳에 저장할 수 있다.

이런 목적으로 설립된 많은 거래소 가운데 하나를 이용해 비트코인을 전송할 수 있고, 다른 사용자의 지갑으로 그 지갑의 소유자가 제공하는 주소를 이용해 바로 보낼 수도 있다. 이 주소는 모든 비트코인 데이터와 마찬가지로 암호화된다. 문자와 숫자 그리고 부호로 이뤄진 암호는 고

유한 암호 해독 소프트웨어와 키(key)가 없는 사람에게는 아무런 의미도 없다. 한 예로 1JArS6jzE3AJ9sZ3aFij1BmT cpFGgN86hA와 같은 문자열을 들 수 있다. 주소는 암호 '공개 키(public key)'를 기술적으로 암호화한 버전이고, 사용자의 '개인 키(private key)'가 없으면 풀 수 없다. 비트코인 네트워크상의 모든 거래는 공개되어 있고, 완전한 비트코인 소프트웨어 사용자들은 누구나 거기에 접근할 수 있다. 그러나 주소는 암호화되기 때문에 지갑 소유자의 신분 외에는 어떤 것도 알 수 없다. 그러므로 비트코인은 **가명**이 특징이다(Beigel 2015). 모든 거래가 기록되기 때문에 완전한 익명은 아니지만, 거래와 관련된 이들의 진짜 신분을 확인하려면 네트워크에서 직접 얻을 수 있는 것보다 더 많은 정보가 필요하다. 진짜 신분을 확인할 수 있는 가능성과 그걸 감추는 방법은 암호 화폐 공동체에서 당면한 논란의 주제다(Meiklejohn and Orlandi 2015 참조).

비트코인 소프트웨어는 단일한 물리적 장소나 하나의 가상 '클라우드(cloud)' 위치에 존재하지 않는다. 말하자면 레벨 3(Level 3: 미국의 인터넷 서비스 제공 업체—옮긴이)나 아마존 또는 구글 같은 회사 한 곳에 저장되지 않는다. 비트코인 소프트웨어의 인스턴스(instance: 소프트웨어나 하드웨어 환경에서 실행 중인 개별적인 사례-옮긴이)는 전 세계의 컴퓨터 수천 대나 수만 대에서 구동된다. 그 지속적인 생명은 이 컴퓨터들 가운데 하나가 아니라 네트워크를 구성하는 수많은 기계에 달려 있다. 더 나아가 이 많은 컴퓨터-완전한 비트코인 프로그램을 구동하는 모든 컴퓨터-는 비트코인을 사용하기 위해 기록을 저장할 필요가 없더라도, **모든 비트코인 거래의 완전한 기록 사본을 저장**한다. 이 기록 일체를 **원장**(ledger)이라고 부르는데, 개념적으로 은행 계좌나 증권 계좌처럼 금융 기관의 거래 기록에 해당한다. 비트코인 소프트웨어의 이러한 특성 때문에 옹호자들은 비트코인이 '탈중앙화' 그리고/또는 '분산'되어 있다고 설명한다. 즉, 소프트웨어를 발행하고 유지하는 단일한 중앙 기관이 없으므로 '탈중앙화'되어 있고, 소프트웨어 자체가 네트워크상의 수많은 개별적인 기계에 안착해 있으므로 '분산'되어 있다고 말한다. 비트코인 **지갑**은 소프트웨어의 비교적 작은 조각으로, 사용자들은 비트코인 원장 전체를 저장할 필요 없이 이 지갑으로 자신의 컴퓨터에 비트코인을 넣을 수 있다.

원장은 **블록체인**이라고 부르는 소프트웨어 모델을 처음으로 광범위하게 구현한 것이다. 블록체인 구축 관련 기술은 거래가 유일하고 신뢰할 수 있다는 것을 보증하도록 작동한다. "블록체인은 비트코인 네트워크 전체가 기대고 있는 공유된 공개 원장(public ledger)이다. 승인된 모든 거래는 블록체인에 저장된다. 이런 식으로 비트코인 지갑은 결제 잔액을 계산할 수 있고, 신규 거래는 판매자가 현재 소유하고 있는 비트코인을 파는 것인지 검증할 수 있다. 블록체인의 무결성과 시간 순서는 암호로 시행된다("How Does Bitcoin Work?"). 검증 과정에 참여하는 컴퓨터는 비트코인의 조각으로 보상을 받는다. 이것이 비트코인이 만들어지는 유일한 수단이다. 그 과정은 **채굴**로 알려져 있는데, 이는 금에 대한 의도적인 비유다. 블록체인은 거대해서 그걸 처리하려면 상당한 연산 능력이 필요하다. 사실, 블록체인은 **모든** 비트코인 거래의 기록이기 때문에 비트코인 채굴에 참여하는 컴퓨터는 현재 상당한 네트워킹과 처리 능력이 있어야 한다. 초기에 비트코인은 비교적 빠른 가정용 컴퓨터로도 채굴할 수 있었지만, 현재는 블록체인 모델용으로 설계된 '해시(hash: 데이터의 원본이 변형되지 않았음을 증명하는 방법—옮긴이)'의 생성이 갈수록 어려워져서 전용 고성능 시스템을 모아서 채굴한다. 이 사실만으로도 비트코인이 통화 운용을 '민주화'하거나 '탈중앙화'한다는 주장에 중요한 문제가 제기된다. 시스템이 '51퍼센트 문제'에 노출되어 있기 때문이다. 즉, 한 개체가 어느 때라도 채굴 작업의 51퍼센트 이상을 통제한다면(한때는 생각도 할 수 없는 일이었지만, 지금까지 최소 한 번은 발생했다), 적어도 이론상으로 그 개체는 "언제라도 비트코인의 규칙을 바꿀 수 있다"(Felten 2014; Otar 2015). 블록체인 운영에 소비되는 전력량이 어마어마해서 비트코인 자체가 '지속 불가능'하다는 주장도 일부 제기될 정도다(Malmo 2015). 암호 기술을 사용함으로써 비트코인 및 그와 비슷한 기술들에 **암호 화폐**라는 용어가 붙었다.

비트코인은 현재 '상한선'이 정해져 있어 2100만 개의 코인만 '채굴'이 가능하다. 이렇게 한계를 정한 이유는 유통되는 전체 코인의 수가 화폐 가치에 영향을 준다고 개발자들이 믿기 때문이다. 이는 컴퓨터과학이 아니라 경제학적 주장인데, 이에 동의하는 경제학자들은 거의 없다. 이는 어느 정도 오스트리아학파의 경제학과 밀턴 프리드먼이 제안한 통화주의적 인플레이션 시각에서 파생했지만, 쉽게 관찰할 수 있는 사실에 배치된다. 비트코인 가격이 2013년 말 1000달러 이상에서 2015년 중반 200달러로 하락한 것은—아주 엄격하게 경제적 관점에서 보면—18개월 만에 500퍼센트의 인플레이션 같은 것이 있었다는 얘긴데, 그 기간 동안 비트코인의 공급은 단지 약 10퍼센트만 늘었을 뿐이다("Controlled Supply"). 달리 말하면—그리고 사실 그대로를 말하자면—2013년 말 1비트코인으로 살 수 있었던 상품을 2015년 중반에는 5비트코인으로 샀다는 얘기다. 그냥 인플레이션이 아니라 초인플레이션, 즉 보유한 수단의 가치가 빠르고 무자비하게 파괴되는 것에 대해 이보다 더 교과서적인 예를 찾기는 힘들 것이다. 여기에 불가사의한 것은 없다. 금도 (다른 모든 상품처럼 공급에 한계가 있든 없든) 사용할 수 있는 총량에 상관없이 일상적으로 가격이 오르고 내린다. 하지만 비트코인 옹호자들은 자기 눈앞에 있는 확실한 증거를 무시한 채 암호 화폐가 마치 인플레이션에 안전한 것처럼 계속 선전한다. 비트코인이 그냥 인플레이션이 아니라 연방준비제도 '비판자들'이 가장 두렵다고 주장하는 바로 그런 종류의 초인플레이션을 겪고 있는 와

중에, 겉보기에 신뢰할 만한 글들(예를 들면 Vigna and Casey 2015) 상당수가 이런 식의 주장을 펼쳤다.

비트코인 소프트웨어에는 확실한 기점이 있는데, 그것은 바로 '사토시 나카모토'라는 가명을 쓴 저자의 2008년 논문 〈비트코인: P2P 전자 화폐 시스템〉이다. 하지만 비트코인의 정치적이고 지적인 맥락을 완전히 파악하려면 역사를 더 깊게 파고들 필요가 있다. 비트코인을 개발하고 초기에 그걸 채택하는 데 관련된 사람들은 대부분 중첩되는 여러 공동체에 참여했고 또 참여하고 있다. 그들은 아주 특수한 기술·정치적 세계관에 오랫동안 엄청난 신뢰를 부여해 왔는데, 그 세계관은 명백한 우파 사고에 근거를 두고 있으며, 대체로 근시안적인 기술 유토피아니즘과 결합되어 있다. 여기에는 엑스트로피언(Extropian: 문화와 기술의 발전으로 엔트로피를 극복할 것이라는 신념을 가진 사람―옮긴이), 사이퍼펑크, 암호 무정부주의자, 기술에 관심 있는 정치적 자유지상주의자, 트랜스휴머니스트(transhumanist: 인간 이후의 상태, 특히 기술 발전으로 인간의 개량을 모색하는 사람―옮긴이), 특이점주의자(Singularitarian: 근미래에 기술 발전이 특이점, 즉 인간을 뛰어넘는 단계에 도달할 것이라고 믿는 사람—옮긴이) 그리고 광범위한 영역의 자칭 해커와 오픈소스 소프트웨어 개발자가 포함된다. 이들과 이들이 활동하는 단체의 정치는 가끔 어설프지만, 노골적이기 일쑤다(이런 다양한 운동의 구체적인, 특히 그들의 정치에 초점을 맞춘 논의는 Carrico 2009, 2013a, 2013b 참조). 그런데 사토시 나카모토 자신조차 비트코인 시스템이 사실상 작동하고 있다는 초기의 선언문에서 인플레이션과 중앙은행에 대한 극단주의적 주장에 기대어 이 시스템의 탄생을 정당화했다. "전통적인 통화의 근본적인 문제는 그것을 작동시키는 데 필요한 믿음이다. 중앙은행이 통화를 평가 절하하지 않는다고 믿어야 하지만, 불환 통화(fiat currency)의 역사는 이 믿음의 위반으로 가득 차 있다. 은행이 우리 돈을 보유하고 그 돈을 전자적으로 전환해준다고 믿어야 하지만, 은행은 겨우 일부만 지급준비금으로 보유하고 신용 거품의 물결 속에서 우리 돈을 대출해준다"(Nakamoto 2009). 역설적으로, 나카모토는 비트코인이 '평가 절하'에 안전할 것이라는 자신의 신념이 오류투성이인 통화주의적 인플레이션 개념에 근거를 두고 있거나, 비트코인 자체가 신용 거품과 부분적인 지급준비금 예치를 부채질할 수 있다는 걸 깨닫지 못했던 것 같다.

너새니얼 포퍼(Nathaniel Popper 2015) 기자는 당시까지 비트코인의 가장 철저한 역사와 이 단체들과의 관계를 다룬 책에서 이른바 암호 무정부주의자와 사이퍼펑크들이 비트코인의 탄생에서 한 역할에 주의를 기울였다(비트코인, 사이퍼펑크, 암호 무정부주의자의 직접적인 관계를 분석한 Boase 2013; DuPont 2014 참조. 비트코인 주창자의 관점에서 본 이 이야기에 대해서는 Lopp 2016; Redman 2015 참조). 이러한 운동의 가장 분명한 표적에는(Hughes 1993 및 그와 긴밀한 관련이 있는 May 1992 참조) 특별히 금융(과 기타) 거래의 정부 **감시**가 항상 있었다. 정부 권력의 합법적 사용과 불법적 사용을 구별하려는 노력은 하지 않는다. 그 대신에 **모든** 정부 권력을 본질적으로 불법적인 것으로 취급한다. 더 나아가 머리 로스바드처럼 기업의 권한 남용에 이따금 수사적으로 수긍하기도 하지만—엄격하게 말하자면—실제로 기업의 권력을 제한할 수 있는 그 어떤 기제도 제시하지 않는다. 이런 정치 이론은 집중된 자본의 활동에 노골적인 헌신과 또는 기껏해야 그에 대한 극단적 순진함과 결합해 사람들에게서 자본에 제약을 가할 수 있는 유일하게 증명된 기제를 박탈하도록 작용한다. 이 때문에 노엄 촘스키(Noam Chomsky 2015) 같은 당당한 반정부 사상가는 자유지상주의 이론이 겉으로 드러난 모습에도 불구하고 "권력을 사적으로 집중하지만 책임을 지지 않는 전제 정치, 상상할 수 있는 전제 정치 가운데 최악의 전제 정치를 의미하는 기업의 전제 정치"를 촉진한다고 선언할 수 있었다.

메이(May)와 휴스(Hughes)의 선언문은 모두 짧지만, 하이에크 이래 미국 우파의 핵심어인 '시장'과 '열린 사회'를 수긍한다〔몽펠르랭 회원이었던 칼 포퍼(Karl Popper)의 사상에 특히 의존하고 있는 우파의 '열린 사회' 개념의 토대에 대해서는 Tkacz 2012 참조〕. 메이와 휴스는 대부분의 미국 우파 포퓰리스트처럼, 자신이 축적하는 권력을 통해 자신을 표현하는 주권적인 개인들에 입각해서만 정치가 조직된다고 가정한다. 두 사람은 모두 **법으로부터** 절대적인 보호를 받을 자격이 있는 나 같은 선량한 국민을 인위적이고 근거도 없이 공들여 구별하면서, (종종 동시에) 자연법과 인권 또는 시민권이라는 수사에 호소한다. 그들은 법을 위반하는 반사회적 행동의 책임을 기술적 수단에 조종을 당해 나쁜 행동을 하는, 모호하지만 정해져 있는 일부 '타자들'에게로 돌린다. 〔페인(Payne 2013)은 이 견해를 비트코인과 연결하는 아주 뛰어난 작업을 했다. Scotte 2014도 참조.〕 그들은 시민권이나 존중에 기초한 인간의 근본적인 평등을 거부하고, 대신에 피지배자가 동의하는 것은 고사하고 그들이 전혀 모르는 사이에 지배 조건을 근본적으로 바꾸기 위해 특별히 지명된 (그리고 스스로 지명된) 행위자들의 권리를 주장한다. 요컨대 그들은 "힘이 정의다"라는 주장의 극단적 버전에 찬성한다. 아울러 그들이 관심을 두는 유일한 평등은 각 개인이 다른 사람들의 주장에 완전히 맞설 수 있는 힘을 스스로 갖추는 능력이다. 메이(May 1992)에 따르면, "국가는 국가 안보 우려, 마약 거래상과 탈세자들의 기술 사용, 사회 해체의 두려움 등을 거론하면서 당연히 이 기술의 전파를 늦추거나 멈추게 하려고 시도할 것이다. 이런 우려 가운데 많은 것은 근거가 있을 것이다. 암호 무정부주의는 국가 비밀이 자유롭게 거래되게끔 할 테고, 불법적으로 훔친 자료가 거래되게끔 할 것이다". 이런 우려에 근거가 있음에도 불구하고 (최근의 사이퍼펑크 활동가들은 메이와 달리 이런 우려를 인정하려 하지 않는다는 점을 언급할 필요가 있다), 국가가 노력해도 "암호 무정부주의의 전파를 멈추게 하지는 못할 것이다". 비트코인이 메이와 휴스 그리고 사이퍼펑크들의 꿈을 실현한다는 점에서, 그 누구도 아닌 기술자들, 특히 다른 사람이 발전시켜온 정치 기구를 혐오하는 기술자들의 명령에 따라 바로 대의제 통치 기획 그 자체를 해체하는 소프트웨어를 사용하는 것은 하나의 꿈이다. 주요 실리콘밸리 벤처 자본가들과 긴밀하게 일하는 비트코인 사업가는 말할 것도 없고 이런 암호 무정부주의자와 사이퍼펑크 기술자들이 오늘날 세계적인 주요 기업의 수장직에 앉아 있거나 그 근처에 있다는 것은 기업의 권력 집중에 대한 그들의 태도에 대해 우리가 알아야 할 모든 것을 말해준다. (메이 자신도 인텔에서 10년 넘게 일했다.)

철저하게 우파 성향이라는 혐의에서 비트코인을 방어하는 데 사용되는 가장 탁월한 헛소리들 중 하나는 정치적 좌파라고 자처하는 사람들이 비트코인을 옹호한다고, 비트코인 활성화에 깊이 관련된 사람들 가운데 일부만이 자유지상주의자를 자처한다고 넌지시 비치는 것이다. 비트코인 위키(Bitcoin Wiki)에서 폭로했다고 하는 '신화' 가운데 하나에 따르면, "비트코인 공동체는 무정부주의자/음

모론자/금본위제 '희생자'로 이루어져 있고" 이들에게 제
기되는 반응은 다음과 같다. "공동체의 구성원들은 이데올
로기 입장이 다양하다. 비트코인이 이데올로기 열광자들에
의해 시작되었을 수도 있지만, 지금은 수많은 실용적인 보
통 사람을 대변하고, 그들은 글로벌 전자 상거래의 비용과
마찰을 줄일 수 있는 가능성을 볼 뿐이다." 이 같은 옹호
는 '정치적 소속'이라는 개념을 너무 글자 그대로만, 즉 명
백하게 밝힌 정당 충성심으로만 간주한다.● 이는 비트코인
이 '몰정치적'이면서 동시에 철저하게 정치적이라고 선전할
수 있는 "마술 같은 사고"(Payne 2013)의 동력이다(Kostakis
and Giotitsas 2014; Varoufakis 2013 참조). 하지만 비트코인 담
론에서 중요한 것은 사이버 자유지상주의 담론처럼 여기에

● 이와 관련해 널리 인용되는 연구에서도 유사한 문제를 발견할 수 있다.
  즉, 자유지상주의자들이 암호 화폐를 사용한다는 증거로 삼는 구글 트
  렌드의 데이터를 검토해서 '정치적 동기'가 비트코인 사용을 추동하지
  않는다는 것을 확인했다고 한다. 이 연구(Wilson and Yelowitz 2014,
  4)는 비트코인 연관어를 '자유 시장'이라는 문구와 조합해 구글 검색을
  검토하지만, '자유 시장'이라는 용어 검색이 정치적 소속이나 정치경제
  적 실천에 대해 그 어떤 것이라도 알려준다는 것을 입증하는 통제 데이
  터를 전혀 제공하지 못한다.

개입하는 사람들이 공공연하게 밝히는 정치적 성향이 아니라, 그들의 실천이 수반하는 정치다. 비트코인 홍보에서 그러한 정치는 특히 기업 권력 및 정부 권력과 관련해서(비트코인 전도사들은 비트코인에 유리하다면 일상적으로 기업 권력을 장려하고 정부 권력을 헐뜯는다), 그리고 화폐의 성격 및 정부의 화폐 감시에 대한 시각의 보급과 관련해서 등장한다. 연방 준비제도와 대의제 정부의 성격에 대한 음모론적이고 극우적인 해석에 근거를 두고 있는 정치적이고 경제적인 시각을―비트코인을 채택하고 그 주변의 정치 공동체를 통해서―보급하는 이들은 자유지상주의를 자처하는 사람들만은 아니다. 통화로서 성공과는 별개로, 비트코인은 정치적 기원의 흔적이 어느 정도 깎여나갔지만 이런 시각을 전파하는 데 엄청나게 유용하다는 것이, 그리고 우파 담론에서 다른 측면의 수혜자인 기업의 강력한 이해관계를 위해서도 못지않게 유용하다는 것이 입증되었다.

비트코인에 대한 광범위한 관심은 처음에 '위키리크스 차단'을 우회하는 수단이라는 유용성 때문에 등장했다. 비트코인 재단의 창립 이사회 회원이자 2014년 10월 사임할 때까지 이사를 지냈고(Casey 2014) 비트코인의 가장 강

력한 대변자 중 한 사람인 존 마토니스(Jon Matonis 2012b)
가 언급한 것처럼,

> 미국의 비밀 외교 전문을 대량으로 공개한 후 위키리크스
> 에 대한 기부는 2010년 12월 7일 뱅크 오브 아메리카, 비
> 자, 마스터카드, 페이팔 그리고 웨스턴 유니언에 의해 차
> 단되었다. 어떤 거래를 처리할지 말지 선택하는 것은 분명
> 민간 기업의 권리임에도 불구하고, 정치적 환경은 공정하
> 고 객관적이지 못한 결정을 내렸다. 이는 정치화한 환경에
> 서 미국 정부가 조율해서 행사한 압력이었고, 이것이 이런
> 형태의 마지막 압력은 아닐 것이다.
> 다행스럽게도, 정치적 압력과 화폐 검열에 안전한 글로벌
> 결제 수단으로 이와 같은 금융 차단을 우회하는 방법이
> 있다.

위키리크스에 기부하는 것이 미국 법 위반임에도 불구하고
사람들은 비트코인으로 위키리크스에 기부할 수 있었다.
마토니스가 볼 때, 미국 정부의 법에 기업이 가담하는 것
은 정당하지 않고, 이는 '검열'이나 '정치적 압력'과 마찬가

지다. 이런 점에서, 완벽하게 유효한 법을 (그 법에 찬성하는지 여부와 상관없이) 직접 그리고 고의적으로 위반하는 활동에 맞서는 정부와 금융 조달자들이 협력하는 게 적절할 수도 있다는 생각은 전혀 고려의 대상이 아니다. 비트코인이 이런 점에서 기업 권력에 맞서 작동하고 있는 것처럼 보인다는 사실에도 불구하고 마토니스가 그리는 그림은 기업과 금융의 권력이 감시 없이, 그리고 정부 권력의 제약 없이 작동하는 것이다. 이는 블록체인 기반 기업처럼 새로운 제안을 둘러싼 수사로 확인되는 그림이다(6장 참조). 마토니스 등은 정부의 법 아래 있는 비자와 마스터카드 그리고 다른 기업들이 정부의 요청에 협력하기를 거부했으면 하고 아주 많이 바랐을 게 분명하다.

금융과 화폐의 맥락에서 보면, '규제'라는 단어는 쉽게 하나로 융합될 수 있지만 뚜렷이 구별되는 두 가지 의미를 갖고 있다. 첫 번째는 **중앙은행이 달러의 가치를 조정하는 것**이다. 연방준비제도가 '돈을 더 인쇄해서' 미국의 통화를 '평가 절하'한다고 비트코인 추종자와 우파 음모론자들이 말하는 것이 여기에 해당한다. 두 번째 의미는 좀 덜 언급되지만—거론될 때는 매우 중요하다—금융 시장에서 증권거래위원회, 식품의약국, 환경보호국, 직업안전건강관리청, 고용평등기회위원회 같은 미국의 기관이 시행하는 일종의 법적 감시와 관련이 있다.

엄밀하게 말해서 행정부 소속인 이 기관들은 특히 뉴딜 시기 동안 영역과 권력을 확대한 이래로 우파 분노의 표적이 되어왔다. 연방 대법원의 판결로 상징되는 '로크너 시대(Lochner era: 1905년 연방 대법원이 노동 시간을 1일 10시간, 주 60시간으로 제한한 뉴욕주의 법은 위헌이라고 판결한 '로크너 대 뉴욕주 사건'에서 유래한 표현 — 옮긴이)'는 대체로 1897년부터 1937년까지를 말한다. '강도 남작 시대(robber baron era: 부도덕한 방법으로 부를 축적한 사업가들을 경멸적으로 부르는 표현 — 옮긴이)'와 어느 정도 겹치는 이 시대에는 '실체적 적법 절차'라고 알려진 법리로 사업 관행을 규제하는 연방 정부의 권력에 심각한 제약이 가해졌다(일반적인 관점은 Gillman 1995 참조). 규제적인 감시 형태를 다시 한번 입법화해 기업 권력에 상당한 제약을 가함으로써 로크너 시대가 종언을 고한 것에 맞춰 미국의 현대 우파 극단주의가 탄생한 것은 우연이 아니다. 감시에 대한 이런 형태의 증오는 거대 기업과 그런 기업에 부를 의존하고 있는 사람들이 만들어 낸 것인데, 1930년대 말부터 현재까지 끊이지 않고 이어져 왔다(이 역사에 대한 아주 날카로운 평가는 Zuesse 2015 참조). 이런 운동들은 포퓰리즘 수사를 빈번하게 사용했지만, 기업 활동을 완벽하게는 아니더라도 제약하려는 민주적 권력에 맞서 기업 주권의 우위를 위해 직접적인 시도를 하지 않은 적이 없었다. 규제에 반대하는 주장은 관료제가 일상의 활동에 개입할지 모른다는 어느 정도 합리적인 우려 외에는 기업 권력의 공고화와 상관없는 사람들에겐 권고할 것이 거의 없다. 규제를 찬성하는 주장에는 중대하고 의미 있는 수많은 정당성이 있고, 그 대부분이 생명과 자유 그리고 행복 추구와 직접 관련이 있다.

비트코인에 열광하는 사람들은 '정부의 규제'를 벗어난 통화의 존재를 격찬하면서, 아주 다른—가장 추상적인 수준을 제외하면 실제로는 아무런 관련도 없는—이런 두 종류의 규제를 구별하는 선을 흐리게 만들기 일쑤다. 어쨌든 연방준비제도는 우파 극단주의자들이 지치지도 않고 지적하는 것처럼 정부 소속이 아니다. 증권거래위원회, 식품

의약국, 환경보호국, 직업안전건강관리청 그리고 고용평등
기회위원회 등의 기관은 모두 정부 소속이다. 연방준비제
도는 직접적인 강제 권력이 없는 반면, 규제 기관들은 대
체로 그런 권력을 갖고 있다. 연방준비제도의 임무는 실업
률을 비교적 낮게 유지하는 것과 일정하고 비교적 적당한
인플레이션율을 확보하기 위해 노력하는 것 두 가지다. 이
둘은 모두 조절 효과이고, 인플레이션율이 너무 높게 올라
간다고 형법이나 심지어 민법을 위반한 게 아니다. 규제 기
관들은 이와 달리 연방 법률의 이행과 관련이 있고, 그 법
률 대부분은 특별히 미국 시민의 건강과 안전 그리고/또는
안녕을 위해 만들어졌다. 제삼자, 특히 기업이 이런 법률을
위반할 경우, 이 기관들은 이들을 형사적으로 또는 민사적
으로 고발하는 다양한 권한이 있다. 두 종류의 규제는 모두
달러 같은 화폐의 배포 및 사용과 여러 방식으로 관련되
어 있다. 비트코인은 연방준비제도가 이자율과 통화 공급
에 대해 행사하는 규제(이하 '통화 공급 규제')를 벗어나기 위
해 구축된 것이 분명하지만, 이는 본질적으로 어떻게든 두
번째 종류의 규제(이하 '법적 규제')를 회피하게 되는 걸 의미
한다. 그런데 이것이 옳을 수도 있다고 생각할 이유는 전혀

없다.

비트코인에 열광하는 사람들이 통화와 관련해 일상적으로 언급하는 법적 규제의 일부 쟁점은 법 집행에서 상당히 정당한 것들이다. 돈세탁을 불법화하고, 1만 달러 이상의 거래는 은행이 신고하도록 하고, 국제 송금에 제한을 두는 법령 등이 그것이다. 대체로 비트코인 옹호자들은 현금 거래 역시 적어도 일부는 똑같은 복잡한 문제에 직면할 수 있다고 지적하며, 그러한 결함에 기반을 둔 암호화폐에 대한 비판에 대응한다(Patron 2015, 33-34; Brito and Castillo 2013, 37). 그 같은 사후 정당화는 명목상으로는 옳을 수 있지만, 그런 정당화에 주어진 중요성의 무게를 감당하지 못한다. 어떤 수단에 결함이 있다고 해서 똑같은 결함이 있는 새로운 수단을 받아들여야 하는 것은 아니다. 더 나아가 그들이 큰 소리로 호소하는 것은 비트코인이 부(富)를 즉시, 전 세계적으로, 디지털로 이전할 수 있다는 것이다. 이는 종이돈과 물리적 상품은 해낼 수 없다고 비트코인 옹호자들이 침이 마르도록 지적하는 내용이다. 기존 교환 매체와 일정한 유사성이 있으므로 비트코인을 받아들여야 한다고 말하는 것은 논점을 피하는 일이다. 비트코인이 물리적인 현금과 똑같은 경우라면 비트코인에 대해 논의할 필요가 없을 것이기 때문이다. 비트코인은 물리적인 현금과 같지 않다. 그래서 우리가 물리적인 현금 대신 비트코인을 전적으로 포기할 준비가 되어 있지 않는 한 우리는 유사성을 강조함으로써 비트코인에 대한 비판을 일축할 수는 없다. 〔이런 식의 논점 회피 정당화는 디지털 문화에서 다반사다 (Golumbia 2013a).〕

비트코인 담론에서 더욱 흥미로운 순간은 이런 규제 방식들이 똑같지 않다는 걸 비트코인 옹호자들이 깨달은 것처럼 보일 때다. 이는 비트코인 거래가 사용자들을 사취(詐取)했을 때 특히 자주 발생한다. 신기하게도, 이런 순간에는 '정부 규제'를 가장 열렬하게 반대하는 사람들 가운데 일부가 그렇게 가차 없이 반대해가며 싸웠던 정부 규제의 바로 그러한 특성(은 물론 그 중재 기능)의 부재를 깊이 후회하게 된다. 예를 들어, 비트코인 전도사 릭 포크빈지(Rick Falkvinge 2013a)는 비트코인의 "정부 규칙을 강제하지 못하는 특성은 버그가 아니라 특징"이지만, 그가 "불법 거래 활동"이라고 부르는 비트코인 시장의 조작은 "사회계약을 파기하는 일종의 사기"라고 주장한다. 그러면서 규제가 금지하는 바로 그런 활동에 참여하기 위해 규제되지 않은 수단을 사용하는 사람들에게는 일종의 "역설"이 있다고 지적한다. 역설은 그걸 사용하는 데 있는 게 아니라, 규제를 없애면 규제가 특별히 방지하려는 행동이 어떻게든 없어질 것이라는 전형적인 우파의 주장에 있다.

중앙은행 음모론

연방준비제도 음모론은 비트코인 논평에서 발견할 수 있는 극우 선전 가운데 가장 두드러진 요소다. 그렇다고 예를 들면 멀린스의 저술과 비트코인 복음주의 사이에 직접적인 계보학적 연결점이 있다는 말은 아니다. 코크 형제나 그들이 출자한 싱크 탱크 같은 우파 선동가들은 비트코인 담론을 별로 통제하지 않기 때문이다. 그러나 이것이 이데올로기가 작동하는 배타적이거나 심지어 기본적인 방법이 아니라는 걸 이해하는 것은 중요하다. 오히려 이런 생각이 필요를 채워주거나 욕구를 충족시켜주는 곳, 그리고 기회가 있는 곳에 이런 생각은 자리를 잡는다(미국 우파의 성공 이유에 대한 뛰어난 분석은 Berlet and Lyons 2000; Diamond 1995 참조).

비트코인 소프트웨어는 그 기회를 만드는 데 일조해왔고, 비트코인 이데올로기가 충족시켜주는 필요는 존스, 매코, 아이크 등이 충족시켜주는 필요와 같다. 사실, 유명한 일부 음모론자와 (우파 음모론 토론회에서 비트코인 홍보로 인해 악화한 것처럼) 비트코인 선전에는 직접적인 연결점이 있을 수 있지만, 우파들은 비트코인의 사회적이고 기술적인 특징의 일부 측면에서 자신들이 찾고자 했던 것을 단순히 발견했을 가능성이 더 많은데, 그렇다면 정치적으로 시사하는 바가 적지 않다.

그렇지만 비트코인 수사가 우파 연방준비제도 음모론의 특정 요소를 얼마나 긴밀하게 복제하는지 주목할 만하다. 2013년 말 비트코인의 달러 가격이 급등하기 시작하자, 퇴임을 앞둔 벤 버냉키(Ben Bernanke) 연방준비제도 이사회 의장은 미국 상원의 국토안보·정부사무위원회에서 비트코인 및 그와 유사한 기술에 대해 일부 발언하면서, 연방준비제도는 "이런 혁신을 시장에 제공하는 주체와 이런 혁신을 직접 감독하거나 규제할 권한이 없다"고 설명했다. 비교적 온건한 기술 사이트인 아스 테크니카(Ars

Technica)에 대한 이 청문회를 보도한 단 하나의 짧은 기사 (Farivar 2013)에 달린 62개의 댓글 중에는 다음과 같은 것들이 있다.

불환 지폐로 나라가 평가 절하를 피할 수 있다는 주장은 기껏해야 거짓이다. 경제 성장에 박차를 가하기 위해 또는 시뇨리지(seigniorage, 주조 차익: 화폐의 발행 비용과 발행가의 차이에서 발생하는 이익-옮긴이)를 거두기 위해 수요를 넘는 화폐 인쇄가 평가 절하이고, 그 결과는 결국 명목상 가치의 구매력 하락이다.

연방준비제도는 정부 소속이 아니고 민간이 소유하는 은행이어서 그 주주의 비밀은 지켜져야 한다. 연방준비제도는 통화 정책에 권한이 정확히 하나도 없는데, 다른 은행들에 주는 대출에 이자율을 조절해서 통화 공급에 통제를 가한다.

전쟁을 선포하고, 무역을 규제하고, 다 날려버릴 진짜 멋진 무기로 군대를 양성하고, 우리가 감옥에 가거나 사형에

처해지는 것을 결정하고, 우리가 어떤 종류의 음식을 먹을 수 있는지 결정하는 기타 등등의 권한을 우리는 의회에 위임한다. ……그러나 우리는 그들에게 화폐 인쇄를 맡길 수 없다. 당신이 이 마지막 부분을 믿는다면, 당신은 우리 돈을 그들의 손아귀에 넣어주는 어떤 형태의 세금에도 반대해야 한다.

금을 미국 시민에게서 훔쳐 포트녹스(Ft. Knox: 미국의 금괴 보관소—옮긴이)에 넣어두는 행정 명령 6012가 통과되어, 그들은 통화를 마음대로 부풀리는 레버리지를 가질 수 있었다. 그렇게 해서 어떤 어린이조차 시간이 지나도 평가 절하될 수 없는 유산을 갖지 못할 것이다. 자급자족은 통제의 적이고, 통제는 소수의 이익과 번영이라는 미명하의 경제적 노예제다.

노예제가 불법화되고부터 그들은 그들의 '아메리칸드림'을 위해 사람들을 일하게 할 새로운 방법이 필요했다. 독립적이고, 자급자족하고, 번창하는 시민은 그 기준을 충족하지 못한다. 그래서 그들은 입법 과정을 남용해 새로운 방법을 통과시켰다. 불행하게도, 번영이라는 목적은 유례없이 빠른 속도로 우리를 사회 붕괴의 길로 이끌고 있다. 우리는 모두 하늘이 무너져내리는 것을 본다.

이런 댓글은 하나같이 우파 극단주의의 언어와 개념을 왜 그런지도 모르고 사용한다. 의심하지 않는 독자—여기서는 의심하지 않고 댓글을 다는 사람—는 이런 감정이 반박할 수 없는 사실을 진술한 것이라고 믿을지도 모른다. 그래서 멀린스의 책이나 존 버치 협회의 팸플릿을 열어본 적이 없어도 음모론 신념의 여러 노선을 받아들일 준비를 스스로 하게 된다.

　이런 양상은 예외가 아니라 법칙이다. 우파 음모론의 기본 계율이 마치 명백하고 부정할 수 없는 사실을 진술한 것인 양 제시하며 의미심장하고 지속적인 논평을 도출해내지 않는 비트코인 관련 이야기를—주류 출판물에서부터 저 먼 비트코인 중심의 세계까지—찾아내기란 지극히 어렵다. 그래서 '내가 비트코인에 대해 질문하기 두려웠지만 질문한 모든 것'(Murray 2013)이라는 제목의 게시물에서 통화 촉진은 "신뢰에 대한 주장의 순환성에 달려 있다"는 저자의 언급과 관련해, 정보통인 독자들이 주로 찾는 사려 깊고 비판적인 경제학 블로그 '벌거벗은 자본주의(Naked Capitalism)'에서 한 논평자는 이렇게 댓글을 달았다.

> 비트코인의 목적과 주된 매력은 중앙은행이 불환 지폐로 할 수 있는 방식으로 비트코인을 조작하고, 평가 절하할 수 없다는 것이다. 변동성에 대해 내가 할 수 있는 말은 '비트코인 비용 물타기'다:)
>
> 비트코인은 항상 몇 주 전보다 결국 더 상승하고 마는 것처럼 보인다. 불환 지폐에 대해서는 똑같이 말할 수 없다. 아무런 수수료 없이도 내 돈의 가치가 올라갈 수 있는데, 주식을 사면서 왜 내가 은행 수수료를 지불하고 싶겠는가?

여기서는 '중앙은행 조작'을 가치 파괴라고 단정하는 반면, 비트코인의 투자 효용은—아래에서, 더도 덜도 아닌 똑같은 '가치 파괴'에 대해 내가 논의하듯—미덕으로 칭송되고 있다. 한 논평자가 "공산주의를 파멸시켰고 비트코인의 기반을 허물어뜨릴 수 있는 것은 프로토콜이, 절차가, 네트워크가, 알고리즘이 인간의 추악한 이기적 성향을 중화시킬 수 있다는 망상에 빠진 희망이다"라는 댓글을 달자, 또 다른 사용자는 그 댓글을 인용하면서 "이는 중앙은행에도 아주 쉽게 적용할 수 있을 것이다"라고 썼다.

물론, 이미 우파와 동조되어 있는 사이트들을 생각해 보면—그것들이 일반적으로 음모론을 피하고 있다 하더라도—비트코인과 일전을 벌일 경우 엄청난 극우 정서의 공격을 초래한다. 폴 크루그먼(Paul Krugman 2013)이 〈비트코인은 악이다〉라는 글을 발표하자 그 글을 원래 실었던 〈뉴욕타임스〉에 음모론 논평이 쏟아졌고, 소셜 미디어와 블로그에는 훨씬 더 분개한 논평이 쇄도했다. 전형적인 반응은 '정실 자본주의 반대(Against Crony Capitalism)'라는 우파 경제학 블로그에 실렸는데, 그 블로그의 편집자 닉 소렌티노(Nick Sorrentino 2013)는 이런 글을 올렸다. "폴 크루그먼은 겁을 먹었다. 그는 '비트코인은 악'이라면서 중앙은행의 기반을 무너뜨린다고 말한다." 다른 이들은 즉시 크루그먼의 권위를 완전히 불신하기까지 했다(Gongloff 2013; Yarow 2013). 소렌티노의 글에는 다음과 같은 댓글들이 달렸다. "《지킬섬의 괴물》이 연준에 거대한 역사를 남기고, 세월이 흐르는 동안 손해를 입혀왔다." "중앙은행의 기반을 무너뜨리는 것, 그게 바로 우리에게 필요한 것이다!!!!" "연준은 악의 화신이다." "중앙은행 기록에 기초한다는 것은 악이 전제 조건이라는 말이라고 나는 생각한다." "이는 완전히 사기다. 화폐는 국유화해야 한다. 로스차일드, 모건 그리고 그 나머지 은행 카르텔처럼 이기적이고 부패한 폭군이 아니라, 모든 정부가 화폐를 인쇄하고 통제해야 한다. 그들이 전쟁, 가난, 굶주림 뒤에 숨은 원인이다. 미안하지만 할 수 있다면 나는 그들이 역사를 통틀어 무고한 사람들에게 했던 그대로 그들 모두를 박해할 것이다." 100개 정도의 댓글은 거의 모두가―크루그먼을 사납게 표적으로 삼고 있는 것(예를 들면, 한 댓글에서는 크루그먼을 "비열한 공산주의자 놈"이라고 부른다) 외에는―이런 어조와 내용이다. 당연하게도, 소렌티노의 글은 주요 우파 음모론자인 앨릭스 존스의 웹사이트 '인포워즈(Infowars)'에 열광적으로 다시 실렸다.

비트코인 담론과 극우의 정치적 극단주의가 겹치는 아주 중요한 지점 중 하나는 우파의 핵심 용어인 '전제 정치'와 '자유'를 사용하는 데서 특히 분명하게 알 수 있다. 비트코인 옹호자들의 가장 현란한 주장은 비트코인이 '국민 국가에 실존적 위협'을 가한다는 것이다. 연방준비제도

같은 중앙은행을 통한 통화 정책의 장악력이 대안 화폐의 존재로 인해 위협을 받는다는 두려움에 국민 국가가 필시 떨고 있다는 것이다(예를 들면 Soltas 2013). 2012년 비트코인이 처음으로 널리 알려지는 동안, 존 마토니스는 "비트코인은 화폐 전제 정치를 막는다"며 "미국 수정 헌법 제2조의 핵심이 궁극적인 정치적 탄압을 막는 자유로운 국민의 최후 권리인 것처럼 그와 같은 탄압, 즉 국가의 화폐 패권을 막을 강력한 도구가 필요하다"고 말했다(Matonis 2012a).

유명 출판사들이 발행하거나 열광하는 사람들이 자비로 출판한 책을 비롯해 블로그 게시판의 기사부터 〈뉴욕 타임스〉 〈월스트리트 저널〉 〈포브스〉 같은 선도적인 간행물의 기고문에 이르기까지 비트코인을 장려하는 많은 문헌은 비트코인 그 자체, 즉 비트코인의 근간을 이루는 기술 및 세계에서 쓰이는 실용성에 관한 것처럼 보인다. 그러나 거듭해서 말하지만, 우파 극단주의에서 나온 주제, 개념, 핵심 용어 그리고 주장이 이따금 논란의 여지가 없는 사실처럼 등장한다. 선도적인 벤처 기업가이자 넷스케이프(Netscape) 개발자인 마크 앤드리슨(Mark Andreessen 2014)은 전체적으로 균형이 잡혀 있고 차분한 〈뉴욕타임스〉 기고문에서 "비트코인의 데이터는 은행이나 중개자 같은 중앙 매개체가 필요 없거나 그에 의존하지 않는 분산 신뢰망을 통해 전달된다"고 썼다. 여기서 그는 이 '필요'나 '의존'이 어떻게든 사람들이 명백히 피하고 싶어 하는 것이라는 점을 당연하게 여겼지만, 이는 적어도 최근까지 우파 내에서만 발견할 수 있는 사고다. 이어서 앤드리슨은 "정치적 이상주의자들은 비트코인에 해방과 혁명의 비전을 투영하지만, 기득권 엘리트들은 비트코인에 경멸과 냉소를 가득 쌓아 올린다"고 썼다. 그러나 앤드리슨이 '이상주의자'('이데올로그'가 좀더 합당한 표현일 것이다)로 칭한 사람들은 우파 밖에서 거의 찾아보기 힘들고, '기득권 엘리트'라는 단어는 특히 문맥을 고려하면 존 버치 협회의 선전을 너무나 비슷하게 흉내 내는 것이어서 미국의 주요 신문에 논평 없이 실렸다는 게 놀라울 뿐이다.

앤드리슨의 표현이 유감스럽게 그리고 아마도 심지어 무의식적으로 극단주의적 사고를 언급하고 있다면, 그의 기고문에 달린 댓글들은 그런 고려조차 하지 않는다. 어떤 댓글은 비트코인을 밀턴 프리드먼과 직접 연결하면서 "국세청과 금박을 두른 월스트리트 은행들의 감시 없이 세계 어느 곳에라도 송금할 수 있다는 것은 세계 통화 시스템의 혁명일 것이다"라고 썼다. 이는 법과 규제에서 자유롭고 싶은 욕망과 과세에 대한 우파의 전형적 경멸을 드러낸다. 다른 댓글은 "중앙의 통치 당국 없이" 우리가 거래 원장을 인허할 수도 있다는 생각을 찬양한다. 또 다른 댓글은 다음과 같다.

[비트코인을] 미국 달러로 현금화하면, 거래 비용을 낮출 뿐이다. 목표는 정부가 화폐를 인쇄하는 조폐 독점에 기반한 인플레이션을 없애기 위해 현금을 없애는 것이다. 이는 당치도 않게 보이지만, 내가 되팔 상품을 살 수 있는 나라에서 비트코인을 받아주는 공급자를 찾는다면, 나는 곧바로 5퍼센트를 더 벌 수 있을 것이다. 그리고 비트코인으로 결제하는 사람에게 물건을 팔면, 그 상품의 가치는 올라갈 것이다. 나는 더 저렴하게 사고팔 수 있고, 다른 사람들은 더 비싸게 사고팔아야 한다. 이렇게 해서 정부가 통화 공급을 팽창시켜 통제하는 당신 사업에서 정부의 권리인 일정 비율을 정부에 제공하게 된다. 정부가 중개인이 되게끔 하지 **말자**. 그러면 그들은 우리의 최대 이익을 손에 쥐지

못한다.

이 마지막 댓글은 장소를 불문하고 비트코인 담론에서 아주 전형적인 것이다. 그래서 사실상 음모론적 경제학과 정치 이론 전반에서 특히 다음과 같은 주장을 되풀이한다. 즉, '정부'는 사람들에게서 '가치'를 박탈하기 위해 존재하고, 세금("당신의 사업에서 정부의 권리인 일정 비율")은 가능한 한 완전히 피해야 하고, 중앙은행은 화폐를 '인쇄'해―우리 모두가 걱정해야 하는―가치를 파괴하는 인플레이션을 초래한다는 것이다.

인플레이션과 디플레이션에 대한 음모론적 설명은 종종 '주류' 비트코인 해석의 핵심 요소다. 디지털 기술 관련 책의 출판을 선도하는 오라일리 미디어(O'Reilly Media)는 자칭 '연쇄 창업가(serial entrepreneur: 벤처 기업을 만들었다가 매각하고 다시 새로운 벤처 기업을 시작하는 일을 반복하는 사업가―옮긴이)'이자 '비트코인 사업가'인 안드레아스 안토노풀로스(Andreas M. Antonopoulos 2014)를 발굴해 《비트코인, 공개 블록체인 프로그래밍(Mastering Bitcoin)》을 내면서 비트코인 시장에 처음으로 진입했다. 누구나 예상할 수 있듯이 그 책은 비트코인 기술, 비트코인의 화폐 사용법 등에 대한 아주 자세하고 명쾌한 설명을 담고 있다. 그러나 표면상 기술에 관한 책으로는 놀랍게도, 그 책은 또한 상당히 경제적인 논의를 여럿 포함하고 있는데도, 마치 비교적 논란의 여지가 없는 주제들을 단지 상식적으로 분석할 뿐이라는 듯이 극단주의적인 시각을 아무런 설명도 없이 보여준다. 안토노풀로스는 연방준비제도에 대한 음모론이 포함된 비트코인 기술 관련 설명을 사실에 입각한 것이라며 다음과 같이 제시한다. "비트코인 채굴로 화폐 발행을 탈중앙화하고 중앙은행의 기능을 제거해, 중앙은행의 필요성을 이런 〔비트코인을 채굴하는〕 세계적인 경쟁으로 대체한다"(Antonopoulos 2014, 2). "채굴은 중앙은행이 새 화폐를 인쇄하는 것과 거의 똑같이 각 블록에서 새 비트코인을 만든다"(Antonopoulos 2014, 26).

이런 기술 관련 책에서 가장 주목할 만한 부분은 다음과 같다. 즉, 안토노풀로스는 자신 같은 비트코인 옹호자들의 이해관계에 도움을 주는 방식으로 디플레이션 경제학을 다시 쓰지만, 동시에 디플레이션에 관한 비음모론적 연구 모두를 거의 고려 대상으로 삼지 않는다. 요컨대 그의 방식은 디플레이션에 대한 다양한 경제학 설명에 맞서 지속적이고 구체적인 주장을 탑재하는 게 아니라, 디플레이션(과 그 반대인 인플레이션)의 음모론 설명을 기정사실로 받아들이는 자신의 특이한 주장을 제시할 뿐이다. 안토노풀로스는 민간이든 학계든 어떤 경제학자도 언급하지 않으면서 "많은 경제학자가 디플레이션 경제는 어떻게 해서라도 피해야 하는 재앙이라고 주장한다. 이 때문에 가파른 디플레이션 시기에 사람들은 지출하는 대신 물가가 떨어지길 바라면서 돈을 저장하는 경향이 있다"(Antonopoulos 2014, 176)고 언급하면서도, 이와 같은 문맥에서 '지출'의 의미를 자신이 모호하게 사용한다는 걸 인식하지 못하고 있다. 즉, 소비자 지출보다 **생산** 지출로 디플레이션이 그처럼 더 파괴적이게 되는데, 이는 디플레이션 시기에 생산자들이 제품 제조보다 저축으로 더 많은 돈을 벌기 때문이라는 걸 그는 지적하지 못한다. 안토노풀로스는 이어서 경기 순환에 대해 완전히 특이한 설명을 제시한다. "디플레이션 통화가 야기한 저장 본능은 할인이 구매자의 저장 본능을 극복할 때까지 판매자의 할인으로 극복될 수 있다. 판매자 또한 저장할 동기가 있기 때문에, 할인은 두 저장 본능이 마주치는 평형 가격이 된다. 비트코인 가격이 30퍼센트 할인되면, 대부분의 비트코인 소매상은 저장 본능을 극복하고 수익을 창출하는 데 어려움을 겪지 않는다. 통화의 디플레이션 측면이 가파른 경제 수축으로 초래된 것이 아닐 때는 그것이 정말 문제인지 두고 봐야 한다"(Antonopoulos 2014, 176). 이런 주장은 디플레이션(과 인플레이션)의 음모론 설명에 근거를 두고 있는데, 정립된 경제 원칙을 인정하다가 갑자기 일축해버리는 것은 그게 비트코인에 유리하기 때문이다. '판매자의 할인'은 특히 소매상이 아니라 생산자 관점에서 보면, 상당한 손실을 단순한 사업 비용으로 받아들이는 것 이상도 이하도 아니다. 따라서 이는 간헐적 관행이나 이데올로기적 이유로는 합리적일 수 있지만, 비트코인이 실현하려고 한다는 바로 그 시장 원칙을 명백히 직접적으로 훼손하는 것이다.

비트코인 후원자들이 우파 정치를 거부한다고 주장할 때도, 어쨌든 우파 정치를 받아들이기 일쑤고 더 나아가 자신들의 분석에서 정치적 의미를 모호하게 만든다. "블록체인 기술이 진정한 민주주의의 기초를 구축하는 데 기여할 수 있는지"의 문제를 다루는 Falkvinge.net에 올린,

전형적으로 자기주장만 내세우는 글에서 하야세 노조미 (Nozomi Hayase 2015)는 "진정한 민주주의"는 대의제 민주주의와 대조를 이룬다면서 비트코인을 "새로운 수정 앱 1조"로 상정하며 "중앙은행 전제 정치"를 논의하는 가운데 다음과 같이 말한다. "미국에서 화폐 탄생의 역사를 추적한 변호사이자 작가 엘런 브라운(Ellen Brown 2008)은 독립전쟁의 진정한 촉매제는 미국 식민지에서 지역 화폐의 인쇄를 금지한 조지 왕의 조치였음을 밝혀냈다. 독립을 쟁취한 후, 무력 대신 영국 은행가들이 미국 국민을 설득해 자신들의 지폐를 채택하도록 함으로써 조지 왕은 경제적으로 굴복했다고 브라운은 설명했다." 하야세는 이어서 이렇게 말한다. "건국의 아버지들은 화폐의 탄생 및 통제와 관련해 건전한 기준을 마련하지 않고 어떤 화폐인지도 정확하게 정의하지 않았다. 그런 까닭에 이 대의제 시스템 안에 그림자 세력이 침투해 훗날 헌법을 전복하고 더 나아가 독립 선언의 이상을 배신할 수 있는 허점을 남겼다. 중앙 집중적이고 형태가 뚜렷하지 않은 화폐의 탄생은 시스템 전체를 위험에 빠뜨릴 수 있는 유일한 실패 요소가 되었다. 이는 1913년 연방준비법이 통과됨으로써 월스트리트가 통화 시스템을 강탈하는 데서 여실히 드러났다." 이는 브라운에게 스며든 멀린스, 그리핀, 라슨의 연방준비제도 음모론을 거의 글자 그대로 옮긴 것이다. 아무런 근거도 없는 브라운의 수정주의 미국 역사는 노골적인 우파 저자들의 음모론과 다르지 않으며, 그들에게 크게 의존하고 있다. "그림자 세력이 침투해 훗날 헌법을 전복한다"는 전형적인 음모론 주장에 특히 주목할 만하다. 이 같은 언급은 비트코인 담론에서 예외가 아니라 법칙이다.

정치 프로그램으로서 소프트웨어

지금까지 비트코인을 통화로 논의했지만, 비트코인 옹호자들은 비트코인을 새로운 형태의 **화폐**로 홍보한다(예를 들어 Emery and Stewart 2015; Smart 2015 참조). 화폐와 통화는 동일하지 않다. '화폐'는─오늘날 우리가 사용하는 것처럼, 그리고 경제학자들이 표준 교과서에서 정의하는 것처럼─ **교환 수단, 가치 저장, 계산 단위**의 세 가지 중요한 기능을 수행한다(예를 들어 Abel, Bernanke and Croushore 2008, 248-249 참조). **교환 수단**은 토큰(반드시 물리적일 필요는 없다. 회계

● 비트코인이 화폐의 표준 기준을 충족하지 못한다는 것에 대해서는

장부의 기입에 불과할 수도 있다)이 제품이나 서비스를 사고파는 데 쓰일 수 있다는 의미다. **가치 저장**은 토큰이 저축 가능하고, (일정 수준의 내재적 변동성은 있지만) 구매력을 유지하기 위해 토큰에 의존할 수 있다는 의미다. **계산 단위**는 가치 측정이라고 부르기도 하는데, 시장에서 제품의 가치, 말하자면 가격을 결정하는 데 토큰이 쓰인다는 사실과 관련이 있다. 비트코인 옹호자들은 비트코인이 화폐라고 주장하면서도, 이데올로기의 구성에서 전형적으로 사용하는 순환논법으로 이 교과서적 화폐 정의를 빈번하게 거부한다는 것에 주목할 필요가 있다. 말하자면 우리가 화폐로 인정하는 데 오랫동안 사용해온 기준을 비트코인이 충족하지 못하는데도, 우리는 비트코인을 화폐로 인정해야 한다는 말을 듣는다(예를 들면 "Myths" 참조. '화폐'의 음모론적 재정의에 대해서는 Smart 2015 참조).

이 세 가지 고전적 기능 가운데 비트코인이 **교환 수단**으로만 쓰인다는 것은 논란의 여지가 있다. 비트코인을

Yermack (2014), Davidson (2013), Gans (2013) 참조. 일부 신뢰할 수 있는 자유지상주의자조차도 비트코인이 화폐일 수 있다는 주장에 반대한다(Shostak 2013).

사용해 제품을 사고파는 것은 가능하다. 아주 대충 말하자면, '교환 수단'을 화폐의 '통화 기능'으로 생각할 수도 있다. 그렇지만 많은 경제학자가 지적해왔듯 사실상 **무엇이든** 교환 수단으로 쓰일 수 있고, 항공 마일리지에서 신용카드 보너스 점수까지, 상점의 쿠폰에서 미술품이나 귀금속 같은 고가의 상품까지 오늘날 비화폐적 교환 수단이 확산하고 있다.● 이런 대체 통화는 국가 주권 자체는 말할 것도 없고 국가의 화폐 주권에도 아무런 위협을 가하지 않는다. 하지만 비트코인 옹호자들은 화폐라는 용어가 단지 교환 수단에만 해당되는 것처럼 걸핏하면 화폐를 재정의하려고 시도한다.

비트코인이 **계산 단위나 가치 측정** 기능을 수행하는지는 아주 불분명하다. 비트코인으로만 상품의 가격을 매기는 시장이 존재한다는 것은 전례가 없는 일은 아니지만

● '하누카 초콜릿 동전(유대인의 명절인 하누카 때 선물로 주는 동전 모양의 초콜릿-옮긴이), 카지노 칩, 모노폴리 머니(monopoly money: 모노폴리 보드게임에서 사용하는 돈-옮긴이), 항공 마일리지' 같은 광범위한 비화폐적 교환 수단과 비트코인의 유사성에 대해서는 Gans (2013) 참조.

드물고, 이 가격이 비트코인하고만 관련해서 존재하는 것은 더욱 드물다. 다시 말해 '실크 로드'처럼 악명 높은 다크 웹(dark web: 일반 검색 엔진에서는 검색 및 접근이 불가능하고, 특정한 브라우저를 통해서만 접속 가능한 웹사이트—옮긴이) 마약 시장과 다양한 그 파생물조차도 가격을 명목상 비트코인으로 올리지만, 세계의 공식 통화로 표시된 가치에 맞추어 상품의 비트코인 가격을 정한다. (예를 들면, 이 가격은 비트코인 평가액의 변화가 아니라 국가 통화로 표시된 마약 가격의 변화에 따라서 오르고 내린다.) 국제 환율 메커니즘이나 세금 같은 국가 내부 문제의 메커니즘과 관련해 통화가 존재해야 하는 조직들과 어떤 관계도 없는 바로 그 이유 때문에 비트코인은 일반적 평가 과정에 속박당하지 않고 스스로 떠다닌다. 만약 비트코인만 있는 경제가 발전해서 세계 통화들과 비트코인의 교환 가치와 상관없이 노동이 비트코인하고만 관련해 가격이 매겨진다면(예를 들어, 1비트코인이 미화 10달러든 1000달러든 상관없이 노동이 시간당 1비트코인으로 책정된다면) 이런 상황이 변할 수도 있겠지만, 이는 우리가 비트코인 선전에서 내내 목도하는 닭과 달걀의 문제와 같다. **만약** 국가가 사라져버리고 경제 전체가 비트코인으로 존재한다면, **그때는** 비트코인이 화폐가 될 수 있을 것이다. 그러나 이는 동시에 비트코인이 국가의 쇠퇴를 초래하고, 그런 경제를 만들어낼 것이라는 말이기도 하다.

세 번째 기능인 **가치 저장**은 비트코인의 근본적이면서도 가장 흥미로운 장애물인데, 음모론적 경제 사고가 소프트웨어 그 자체의 구조와 사용에 아주 명확하게 연루되어 있는 기능이다. 비트코인이 이렇게 잘 알려진 이유 중 일부는 바로 비트코인의 변동성 **때문**이다. 비트코인이 일반 대중의 주목을 받게 된 것은 그 가격이 1000달러 이상으로 치솟았을 때였다. 많은 비트코인 선동가들이 이를 '긍정적인' 가치 변화로 간주한다는 사실에도 불구하고 이는 방향성과 상관없는 변화다. 1년도 채 되지 않아 원래 가치에서 400퍼센트(200달러에서 1000달러로) 성장했다는 것은 같은 기간에 가치의 80퍼센트를 잃을 수도 있다는 얘기다. 저축과 사업 이익을 비트코인으로 저장한 사람은 짧은 기간 동안에라도 그 가치가 그대로 유지될 것이라고 기대할 만한 이유가 전혀 없고, 사실상 그렇지 않을 것이라고 기대할 만한 온갖 이유가 존재한다.

가치를 저장하는 비트코인의 기능(또는 기능의 부재)

은 통화의 이데올로기적 기능을 관찰할 수 있는 핵심적인 부분이다. 비트코인 장려에 가장 빈번하게 등장하는 음모론의 프레임 중 하나는 금 자체 또는 '금본위제'이고, 이는 금융 음모론과의 핵심 연결 고리다. 비트코인은 금이 하는 것과 똑같은 방식으로 '진정한' 또는 '건전한' 가치 저장을 하거나 할 수 있는 것처럼 일상적으로 홍보된다. 아울러 인플레이션을 거치면서 모든 가치를 상실해 '평가 절하'된다는 국가 통화의 대안이라며, 귀금속 장사를 하는 우파 미디어에서 비트코인을 옹호하기 일쑤다. 역사상 많은 순간에 변동성을 잠재우기 위해 정부가 금의 가격을 정하곤 했다는 사실에도 불구하고ㅡ그리고 리보 금리 조작 스캔들 (Libor price-fixing scandal: 영국 은행 간 금리인 '리보'를 조작한 사건ㅡ옮긴이)에 일부 관련된 금과 은 가격에 대한 최근의 사건이 있었지만ㅡ비트코인 옹호자들은 금태환 화폐의 우수성을 반복해서 언급한다.[*] 그들이 국민 국가의 '불환 통화'

[*] 금태환 화폐가 우월하다는 견해와 비트코인은 '금 같기' 때문에 가치가 있다는 견해에 대해서는 Liu (2013) 참조. 역사적인 금 가격 설정에 대해서는 "Gold Fix" 참조. 리보 스캔들에 금과 은 가격 조작이 연루되었을 가능성에 대해서는 Goodley (2013) 참조.

라고 약간은 부정확하게 부르는 것보다 금을 선호하는 것은 그들 주장의 이데올로기적 성격을 보여줄 뿐이다. 금은 눈앞에 존재하고, 널리 거래되고, 추적할 수 없고, 대체로 위조할 수 없지만 비트코인 옹호자들이 해체 과정에 있다고 말하는 바로 그 **국민 국가와 중앙은행에 의해** (고정 환율로는 아니지만) 널리 사용되고 있기 때문이다. 자칭 '외환 딜러이자 경제학 범생이'라는 브라이언 켈리(Brian Kelly)의 발언에서 잘 드러나는 것처럼 말이다. 그는 《비트코인 빅뱅(The Bitcoin Big Bang)》에서 화폐의 세 가지 성격이 통화 탓이라고 부정확하게 간주한다. 그럼에도 불구하고 비트코인이 유일하게 교환 수단 기능을 수행하는 사례를 내세운 다음, "우리는 교환 수단과 가치 저장 그리고 계산 단위로 전통적인 통화 개념에 너무 얽매여 있다"고 말한다(Kelly 2015, 13). 따라서 비트코인은 화폐가 그런 것처럼 모든 것이기도 하지만 또한 화폐처럼 모든 것이 아니라는 게 드러나는 한 그 개념은 잘못된 것이다. 문제는 경제학자들이 제시하는 개념은 서술적인 것이지 규범적인 것은 아니라는 데 있다. 즉, 우리가 이해하는 **화폐 기능**은 이 세 가지 특징을 가진 물체로만 충족되지, 사물이 어떻게 **되어야** 하는지가 아니다. 이런 종류의 의미론적 유희는 이데올로기의 구성에서는 전형적이지만, 진지한 분석에서는 그렇지 않다.

사실, 지금까지 해온 이야기는 비트코인 쪽으로 너무 유리하게 기울어진 얘기다. 교과서적인 화폐 설명은 지금까지 언급한 세 가지 핵심 기능을 포함하고 있지만, 대부분의 전문적인 경제 이론은 **화폐를 주권을 가진 정부가 발행하는 통화**로만 정의하기 때문이다. 이 이론은 '현대통화이론' 또는 '신차탈리즘(neo-chartalism)'으로 알려져 있고, 경제학에서 그 뿌리는 적어도 존 메이너드 케인스(John Maynard Keynes)로 거슬러 올라가는데, 케인스의 견해는 우파 사상가들로부터 모든 종류의 끊임없는 공격 표적이 되어왔다. 이 견해에 따르면, **화폐**와 **통화**의 차이는 이렇다. 즉, 화폐는 **국가가 발행하는 통화**이며, 통화 형태로 세금을 납부해야 한다는 걸 말한다. 정확하게 말하자면, 해당 국가의 통화는 과세와 국가 산업 생산 그리고 화폐의 가치 저장과 계산 단위 기능을 가능케 하는 국제 무역 같은 요인들에 고정된다. 요컨대 국민 국가의 주권과 '화폐' 관념은 오늘날의 세계와 밀접하게 연결되어 있고, 따라서 국민 국가가 발행하지 않은 화폐라는 관념은 본질적으로 모순이

다. 대부분의 우파 담론처럼 비트코인 수사는 그러한 모순적인 구조 위에서 무성하게 피어난다.[*]

이런 난제가 가장 뚜렷한 곳 중 하나는 '불환 화폐'에 대한 비트코인 옹호자들의 주장인데, 이는 또한 우파 극단주의에서 중요한 언술이기도 하다. 일반적으로 보면, '불환 화폐'는 경제학에서 역사가 오래된 개념이다. 예를 들면, 비트코인이 개발되기 수십 년 전에 자유주의 경제학자 존 케네스 갤브레이스(John Kenneth Galbraith 1975, 63)는 다음과 같은 화폐의 유형을 제시했다.

화폐와 관련해 저자들은 어김없이 세 종류의 통화를 구

---

[*] 슈뢰더(Schroeder 2015)는 비트코인이 화폐로 분류될 수 없다는 걸 지적하기 위해 미국통일상법전(Uniform Commercial Code, UCC: 주마다 다른 미국 상법을 통일하기 위해 제정한 법—옮긴이)을 꼼꼼하게 해석한다. 미국 상품선물거래위원회는 2014년 말 비트코인을 통화가 아니라 상품으로 분류할 가능성이 있다고 언급했는데, 2015년 9월의 법정 조정에서 그러한 분류를 공식적으로 주장했다(Marx 2015). 비트코인에 깊이 연루된 일부 사람들은 비트코인이 완전히 새로운 종류의 현상, 즉 '화폐 같은 정보 상품'이라고 언급하지만, 이는 매우 편향적인 경제 용어 정의에 기반한 것이다(Swanson 2014).

별해왔다. (1) 금이나 은처럼 보유에 따른 자존감, 소유에 따른 위신, 개인적 치장, 고급 식기 세트 또는 치과 등에 대한 확립된 유용성에서 비롯된 내재적 욕구에 그 가치가 달려 있는 통화, (2) 그러한 내재적 욕구의 어떤 것과 즉시 교환할 수 있거나, 초기의 매사추세츠베이 지폐(Massachusetts Bay note: 매사추세츠주의 초기 명칭인 매사추세츠베이 식민지와 매사추세츠베이주에서 발행한 지폐—옮긴이)처럼 언젠가는 교환 가능하다는 약속을 담보하는 통화, (3) 내재적 가치가 없고, 유용하거나 바람직한 것으로 상환 가능하다는 약속을 담보하지 않고, 기껏해야 수용되어야 한다는 국가의 명령에 의해 유지되는 통화.

우선, 비트코인은 위 설명의 **어떤** 것에도 들어맞지 않는다는 점에 주목하자. 기껏해야 (3)의 변이인데, '불환 화폐'인 (3)이 다른 두 종류와 구별되는 점은 교환 가능한 토큰이 무엇이건 '내재적 가치'가 없다는 것이기 때문이다. 즉, 그런 화폐 대신 통화로 사용되는 토큰은 다른 맥락에서는 명백한 가치가 있을 수 있다. 비불환 통화의 가장 전형적인 예는 금이다. 금은 많이 사용되고, 통화로 통용되지 않더라도 여전히 가치가 있다. 반면, 종이 화폐는 거의 가치가 없는 종이에 인쇄한 지폐이기 때문에 불환인 것으로 간주된다.

'불환 화폐'의 '불환'이 통화를 화폐로 바꾸는 국가의 '명령', 즉 공식 포고에 해당한다는 순환 평가를 비트코인 논의에서 우리는 빈번하게 볼 수 있다(불환 화폐의 영어 'fiat money'에서 fiat에 '명령'이라는 의미가 있음―옮긴이). 여기에는 일말의 진실이 있지만, '불환 화폐'라는 용어의 역사와 용법을 반영하지는 못한다. 화폐는 내재적 가치가 있는 토큰에 기반하고 있는지 여부와 상관없이 근본적으로 국가의 피조물이기 때문에 금본위제조차 이 정의에 따르면 '불환 통화'가 될 수 있다. 국가의 법을 업신여기면서 자신의 통화가 '화폐'라고 선언할 수 있다고 의도적으로 주장하는 비국가 행위자의 존재를 아주 최근까지는 상상할 수 없었기 때문에 '국가의 명령'을 이런 정의에 사용하는 것이라고 의심할 수 있다. 그러나 비트코인 옹호자들에게는 자신의 통화가 화폐라고 선언할 수 있는 메커니즘이 명령을 **제외하면** 없다는 사실을 피할 방법이 없다. 다른 상황에서는 거의 가치가 없는 이런 토큰이 (누군가의) 명령에 의해 가치 있는 것으로 선언되어왔기 때문에, '명령'이라는 표식의 요점은 '내재적 가치'가 있는 통화와 그렇지 못한 통화를 구별하는 데 있다. 더 나아가 이러한 것은 음모론에서 널리 쓰이는 정의로, '가치 없는' 지폐를 내재적 가치가 있는 상품에 고정시키지 못해 일반 시민에게서 그들의 부를 박탈하게 된다고 음모론은 단언한다. 그들의 이런 표준적인 용법에 따르면, 비트코인은 **오직** 불환 화폐일 수밖에 없다. 그래서 슈뢰더(Schroeder 2015)는 "비트코인도 근원적인 자산이 없다는 점에서 불환 통화로 간주할 수 있다"고 말한다. 하지만 내재적 가치가 있는 통화라는 게 우파에게는 호소력이 있기 때문에, 비트코인 담론의 가장 빈번한 목표 중 하나는 '불환'을 재정의해서 비트코인을 제외시키거나(Kelly 2015; Cox 2013 참조), '내재적 가치'를 재정의해서 비트코인 소프트웨어 시스템의 일부 측면(예를 들면, 채굴에 투여하는 에너지 또는 사용자들이 이 시스템에 부여하는 '신뢰')이 자격을 갖출 수 있게끔 하는 것이었다.

론 폴과 랜드 폴 같은 자유지상주의 음모론자들이 선호하는 화젯거리가 된 불환 통화 문제(Shoff 2012)는 불환 통화가 화폐의 가치 저장 기능과 상충한다는 것이다. 귀중

한 상품을 통화로 사용하든지(예를 들면, 주화에 쓰이는 금) 화폐 제도의 기초로 사용함으로써(예를 들면, '금본위제') 도출된다고 그들이 (엉터리로) 주장하는 가치의 안정성이 없으면, 불가피한 결과는 단지 경제적 불안정이 아니라 사실상의 전제 정치적 권력이다. 론 폴이 2003년 미국 하원 연설에서 말했듯이 "견제되지 않는다면, 통화 파기에서 생기는 경제적·정치적 혼란은 불가피하게 전제 정치를 초래한다".

론 폴 같은 사람들이 '불환' 통화에 대해 비판하는 것은 '중앙 은행가들'이 통화의 가치를 조작할 수 있다는 것인데, 이는 금 같은 자산 담보 통화에는 해당되지 않는 것으로 알려져 있다. 이 모든 것의 요점은 안정적인 통화, 즉 가치가 크게 변동하지 않는 통화를 갖자는 것이다. 그러나 비트코인의 가치는 시장 거래로만 조율할 수 있기 때문에, 비트코인의 자산 가치를 통화의 기능과 분리할 수 없다. 이 때문에 비트코인은 **변동성이 너무 커서**—옹호자들은 안정성이 우월하다며 비트코인을 권장하지만—가치 저장으로 사용할 수 없다.

이런 역설은 화폐에 대한 우파의 수사에서 흔한 일이고, 많은 경우 금 같은 귀금속이 안정적이라면서 국가 화폐를 포기하고 귀금속에서 수익을 올리라고 사람들을 부추긴다〔예를 들어, 글렌 벡(Glenn Beck: 미국의 보수적 정치 평론가이자 기업인—옮긴이)의 금 장려에 대해서는 Mencimer 2010 참조〕. 하지만 역사는 금본위제 자체가 사실상 규제적이고 다른 어떤 통화보다 조작과 파생과 투기에서 자유롭지 않다는 것을 보여준다. 모든 희귀 상품의 가격이 크게 변동하는 것처럼, 금 자체가 최근의 가격 변동성에서 이에 대한 명백한 증거를 제시한다(비트코인과 금 가격 변동의 유사성에 대해서는 Allen 2013; Andolfatto 2013 참조).

비트코인이 2013년 11월 29일 (잠깐 동안이지만) 1124.76달러로 사상 최고치를 찍자("History of Bitcoin"), 사이버 자유지상주의 신봉자들이 이번 폭등과 과거의 비슷한 폭등이 비트코인의 중요성을 보여주는 증거라며 축하하는 걸 어렵지 않게—사실은 피하기가 쉽지 않게—볼 수 있었다(예를 들어 Falkvinge 2013b 참조). 폭등이 무엇인가의 징조임은 분명했지만, 옹호자들이 홍보하고 있는 것처럼 비트코인이 새로운 형태의 화폐나 통화가 될 가능성을 그러한 폭등이 마치 증명이라도 한 것처럼 축하했다는 것은 특기할 만하다. 그 어떤 전통적인 경제 이론에 따르더라도 그런 폭등이 증명하는 것은 비트코인이 정부를 쓰러뜨리는 새로운 통화라는 게 아니라, 반대로 그런 기능을 **수행할 수 없다**는 것이다. 즉, 비트코인은 변동성이 너무 커서 가치 저장 기능을 할 수 없는데, 이러한 기능은 화폐에서 핵심적인 것이다. 사이버 자유지상주의들이 관행적으로 주장하는 다른 많은 측면처럼 비트코인에 권력이 있다는 것도 모순이 너무 많다. 그래서 사람들이 비트코인을 두고 진지한 대화를 나누는 걸 보면 놀랍다. 그런데도 오히려 이런 모순이 노출되면 비트코인 옹호자들 쪽에선 새로워진 진지함과 선교적 열정으로 고무되기만 하는 것 같다.

비트코인의 통화 기능과 투자 기능 간 긴장은 처음부터 비트코인 논의에 스며들어 있었지만, 2013년과 그 이후에 극단적인 변동성을 보인 여파로 특히 그랬다. 가격이 폭등하는 초기 단계에서 해적당의 설립자이자 자칭 '정치 전도사'인 릭 포크빈지(Rick Falkvinge 2013b)는 널리 구독되는 자신의 블로그 Falkvinge.net에 '비트코인의 목표 가치는 50달러나 100달러가 아니라 10만 달러에서 100만 달러다'라는 제목의 글을 올렸다. 포크빈지는 이 글에서 자신이 "비트코인에 상당히 큰 투자를 하고 있다. 특히 이 수치들을 계산해보고 나서 2년 전에 올인했다"고 덧붙이면서 "〔내〕 모든 저축을 비트코인에 넣었다"는 2011년 5월의 발언을 언급했다(Falkvinge 2011). 처음 글에서 그는 비트코인이 "통화이지만 완전히 새로운 종류의 통화"라는 전형적인 역설적 주장을 하면서, (자신이) 저축한 모든 돈과 통화로 빌릴 수 있는 모든 걸 투자하고 있다고 설명한다. 그런데 이런 식의 많은 글에서 포크빈지는 자신이 두 가지 정반대 목적을 동시에 옹호하고 있다는 걸 깨닫지 못한 것 같다. 하나는 비트코인이 화폐로 널리 채택되는 것인데, 그러기 위해서는 안정적인 가치를 유지할 수 있어야 한다. 다른 하나는 투자로 일확천금을 노리는 희망 사항인데, 이는 화폐로서 비트코인의 자격을 상실하게 만든다. 전혀 놀랍지도 않게, 같은 글에서 포크빈지는 비트코인이 "현재의 금융 체제를 대체할 것"이라고 주장하며 "지난 14개월 동안 가치가 수천 배 이상 뛰었다"고 언급했다. 그러면서 "앞으로 …… 비트코인의 가치는 또다시 수천 배 오를 것"이라고 예측했지만, 당연히 그처럼 오르면 비트코인이 화폐 형태에서 벗어날 것이라는 점을 인정하는 그 어떤 단서도 주지 않았다.

어쩌면 더욱더 주목할 만한 것은 같은 글에서 포크빈지가 한 다음과 같은 주장이다. 즉, 비트코인은 "전 국민의 근본적인 시민적 자유를 지킬" 수 있고, 비트코인을 채택하는 이들의 "두 번째 물결"은 "일상의 거래를 위해 전통적인 은행 제도의 사용을 원하지 않거나 할 수 없는 사람들"일 것이다. 전통적인 은행 제도 안에 있는 많은 규제 조치는 우리 대다수가 시민적 자유의 핵심으로 간주하는 것 (예를 들어, 우리의 재산 소유권을 예금 보험과 신용카드 환불로 보호하게 하는 것)을 특별히 '보호'하기 위해 존재하기 때문에, 비트코인이 "전통적인 은행 제도를 사용할 수 없는" 이들 (주로 불법 활동으로 유죄 선고를 받은 사람들이 포함된 범주)을 장려해 시민적 자유를 보호한다는 것은 맹목적인 이데올로그만이 할 만한 생각이다.

금과의 비교는 비트코인에 대한 너무나 많은 저술과 사고의 기본을 이루는 우파 이론들에 길을 열어주었다. 가장 목소리를 높이는 옹호자 가운데 많은 이들은 연방준비제도를 타락한 아이디어 그 자체로, "국가가 모든 사람의 삶을 통제"(Weiner 2013)하길 원하는 은행가들의 음모로 운영되는 장치라고 규정한다. 이런 주장은 미국에서 제기된 수사에 근거를 두고 론 폴 같은 정치가들에 의해 전 세계로 퍼져나갔다(Borchgrevink 2014). 비트코인의 열렬한 옹호자인 론 폴의 연방준비제도에 대한 당찬 선언은 구체적인 내용이 있다기보다 아주 이데올로기적이다. 론 폴은 연방준비제도 폐지와 금본위제 회복을 원한다고 주장하는데, 마치 이렇게 하면 자유지상주의자들이 요구하는 절대적인 경제적 자유가 올 것처럼 말한다. 이는 그 자체로 론 폴이 오랫동안 연루된 인종차별주의적 음모론과 깊이 연결된 주장이다(예를 들어 "Ron Paul Sites" 2011 참조).

그런 신념은 눈으로 직접 확인할 수 있는 증거를 무시해야 가능하다. 비트코인은 법적 규제 장치 밖에 있다는 바로 그 이유 때문에 사재기·투매·파생·조작 같은 것을 하기가 특히 쉽고, 이런 것들은 중앙은행의 통제와 증권거래위원회 같은 기구의 규제나 감시가 없는 모든 수단의 특징이다. 비트코인 옹호자들의 주장과 달리, 규제받지 않는 증권 상품은 현대 금융에서 어디에나 존재한다. 상품선물거래위원회가 부채담보부증권과 위탁 생산에 규제 권한을 수립하지 않은 것이 2008년 경제 위기의 주원인이라는 유력한 증거가 있다(*Frontline* 2009). 그런데 비트코인을 규제하는 장치가 없다는 것은 사재기꾼들〔2013년 12월 현재, 약 927명이 모든 비트코인의 절반을 소유했으며, 그중엔 페이스북 소송으로 유명한 윙클보스(Winklevoss) 쌍둥이 형제 같은 프롤레타리아 영웅도 있었다. Wile 2013 참조〕이 온갖 종류의 복잡한 거래 방법을 동원해 시장을 조작할 수 있다는 걸 의미한다. 이는 신뢰할 수 없는 작전이 오갈 수 있다는 의미이고, 단명한 실크 로드 마약 시장을 대체한 십 마켓플레이스(Sheep Marketplace)의 운영자(Madore 2015)나 가장 널리 사용되던 비트코인 거래소 마운트 곡스의 운영자(Sarkar 2015) 모두가 그랬다고 알려진 것처럼 엄청난 양의 비트코인을 숨길 수 있다는 의미다.

비트코인의 놀라운 변동성과 규제 부재는 사이버 자유지상주의자들이 환호하는 것이지만, 사실은 그 때문에 암호 화폐는 그 옹호자들이 주장하는 방식 그대로 사용되지 못한다. 중앙은행이 통화의 가치를 규제하는 이유는 통화가 안정적인 가치의 원천 역할을 하도록 보장하기 위해서다. 비트코인 실험은 절대적인 자유 시장이 극단적 호

황과 불황의 주기를 낳는다는 금융 원칙이 계속 유효하다는 것을 증명한다. 만일 비트코인이 안정적인 가치 저장 역할을 하고 마운트 곡스 사례 같은 붕괴가 미래에 일어나지 않도록 충분히 규제를 받는다면, 세계적인 결제 시스템으로 유용할 수도 있다. 〔페이팔이나 드왈라(Dwolla: 미국의 온라인 결제 시스템—옮긴이)처럼 변혁적이지 않은 기술이 일반적으로 그렇다.〕 하지만 그렇더라도 세계의 정치 구조를 그 근본에서부터 흔들기는 힘들 것이다. 만일 비트코인이 모든 형태의 가치와 거래 규제 밖에 머무른다면, 아주 크게 위험을 감수하는 사람들(예를 들면 아주 부자들인데, 비트코인에 걸린 그들의 이해관계를 보면 어떻게 그리고 왜 비트코인이 경제적으로 변혁적일 수 없는지를 옹호자들에게 암시해준다) 외에는 그 누구도 힘들게 번 돈을 넣기엔 계속해서 아주 위험한 곳이 될 것이다.

극적인 디플레이션과 인플레이션의 소용돌이를 겪었음에도 비트코인이 인플레이션과 디플레이션의 처방 수단으로 홍보되고 있다는 것은 아이러니를 넘어서 사실 징후적이다.

정치적으로, 이는 반대 사실로 반증되는 것을 이데올로기로 저항한다는 말이다. 현실적으로, 이는 통화 문제는 사실 형식이나 기술 또는 알고리즘의 문제가 아니라는 걸 보여주는데, 그럼에도 비트코인 선전가들이 우리에게 주입하려는 게 이것이다. 이는 사회적이고 정치적인 문제이며 정치적 메커니즘으로만 해결할 수 있다. 비트코인 옹호자들의 수사에도 불구하고 오늘날 대부분 국가의 통화가 비트코인보다 현재에도 미래에도 훨씬 더 안정적이고, 또 그럴 수 있는 것은 이 때문이다.

　많은 경제학자가 비트코인 개발자와 옹호자들을 넘어서는 무엇인가가 있었을 것 같다는 걸 인정한다. 하나의 수단을 투자로 사용(일명 '사재기')하지 못하게끔 하는 (공급에 기반한) 직접적 규제 장치가 없다면, 어떤 금융 수단도 (심지어 금조차도) 파생과 증권화 그리고 결국은 극단적 호황과 불황 주기를 피할 수 없을 것이며, 이를 막는 것이 중앙은행의 목적이다. 사실, 비트코인뿐만 아니라 거래 가능한 다른 상품들에도 적용되는 기본적인 일반 명제가 있다. '투자' 기능과 '통화' 기능은 서로 반대라는 것이다. 이럼에도 불구하고 비트코인에 우호적인 주장들은 비트코인의 통화 같은 특징에만 거의 전적으로 초점을 맞춘다. 하지만 대부분의 비트코인 열풍은 통화로서 효용이 아니라 고도로 투기적인 투자로서 효용에서 비롯된다는 게 갈수록 더 분명해지고 있다(Glaser et al. 2014).

사실, 급격한 디플레이션과 인플레이션 주기는 비트코인을 다른 가치 저장, 즉 일반적으로 국가 통화들과 끊임없이 교환하도록 부채질한다. 그 때문에 비트코인은 단순히 많은 디지털 상품 중 하나로 아주 쉽게 간주될 뿐만 아니라 일종의 파생 상품, 즉 다른 수단의 가치와 연결된 옵션이나 선물 거래로 간주된다. 그래서 모든 종류의 투자자들이 거기에 투기하고, 거래량에 따라 심지어 시장을 조작할 수도 있다. 비트코인이 근본적으로 법적 규제를 반대하는 입장이라는 점을 고려하면, 주요 행위자들이 그런 조작을 삼갈 거라는 생각은 거의 할 수 없다. 유명한 비트코인 옹호자 릭 포크빈지(Falkvinge 2013b) 자신도 비트코인의 올바른 가격이 결국에는 100만 달러까지 치솟을 수 있다고 2013년 3월 주장했다. 그러곤 같은 해 9월에는 "비트코인에 열광하는 많은 사람에게 비트코인 시장에서 정부 규칙을 강제하지 못하는 **특성**은 버그가 아니라 특징"이라고 하더라도, 비트코인의 가치는 "불법적인 가격 설정"으로 인해 "수십 배로 부당하게 취급"당해왔다면서, 일부 비트코인 거래자들이 시장을 조작하면서 "사회계약을 파기하는 일종의 사기"에 가담하고 있다고 말했다(Falkvinge 2013a). 따라서 윙클보스 쌍둥이 형제처럼 유명한 행위자가 연루되어 있다고 해도 이는 비트코인의 통화 잠재력을 상찬하는 명분이 될 수 없고, 오히려 기존 자본이 스스로의 목적을 위해 기꺼이 조작할 수 있는 상품으로서 효용만 증명할 뿐이다. 이런 점에서, 비트코인은 기존 권력이 스스로를 강화하려는 도구이지 기존 질서에 대한 도전이 아니다. 요컨대 사람들이 투자하고 있는 것이 비트코인 자체를 넘어서 무엇인지 전혀 명확하지 않다고 하더라도—경제적으로 정통한 일부 논평가들이 끊임없이 지적하듯이—비트코인은 통화가 아니라 훨씬 더 투기적인 투자 기능을 한다(Worstall 2013; Yermack 2014).

비트코인과 블록체인의 미래

비트코인은 단일한 소프트웨어 프로그램이라기보다는 블록체인이라고 불리는 **모델**을 사용해서 만든 소프트웨어다. 블록체인은 아주 비슷한 〔라이트코인(Litecoin), 도지코인(Dogecoin) 같은 암호 화폐와 연결된〕 프로그램을 구축하는 데 쓰일 수 있지만, 비트코인은 다른 것들과 비슷하지 않다. 암호화가 가능한 분산 원장과 이를 실행하는 데 쓰이는 블록체인은 그 옹호자들이 주장하듯 현재의 용도 외에도 광범위하게 적용될 수 있다.● 블록체인은 "1975년의 개인용

● 비트코인과 별개로 블록체인 기술의 신중하고 비판적인 개관에 대해

컴퓨터, 1993년의 인터넷"(Andreessen 2014)만큼 오늘날 혁명적이라는 말을 드물지 않게 듣는다. 이런 기술을 기반으로 구축된 네트워크는 현재의 인터넷과 달리 **형식적으로** 탈중앙화되어 있고, 그래서 다양한 새로운 서비스가 가능하고 감시로부터 (따라서 불법적인 추적은 물론 법적 추적으로부터) 자유롭다고 한다. 물론 여러 면에서 '중앙화'와 '탈중앙화'는 은유이고, 시스템의 여러 부분에 적용할 수 있는 수식어이기도 하다. 예를 들면, 페이스북은 지구 전체에 퍼져 있는 수백만 명의 사용자로 이루어져 있기 때문에 탈중앙화되어 있다고 간주할 수도 있다. 또 하나의 기업이 사용자들로부터 모든 데이터를 수집하기 때문에 중앙화되어 있다고 간주할 수도 있다. 하지만 이 모든 데이터는 단일한 지리적 장소가 아니라 전 세계에 흩어진 서버에 저장되기 때문에 탈중앙화되어 있다고 말할 수 있다. 그러면서도 이 장소들은 소프트웨어와 하드웨어로 모두 엄격하게 관리되기 때문에 중앙화되어 있다고 말할 수 있다. 요컨대 이런 식으

서는 DuPont and Maurer (2015), Grimmelmann and Narayanan (2016) 참조. Naughton (2016), Swan (2015), Tapscott and Tapscott (2016)은 과대 포장된 설명의 전형이다.

로 계속 이어질 수 있는데, '탈중앙화'를 그 자체로 선(善)으로 규정하면, 그렇게 해서 알 수 있는 것만큼이나 많은 것이 모호해진다(Galloway 2014; Golumbia 2012). 그리고 비트코인이 기술적으로는 탈중앙화되는 성격이 있다고 하더라도 금융 권력이 중앙화되고 집중되는 장소로 기능하는 많은 방법이 있다(예를 들어 Wile 2013 참조).

이런 네트워크가 작동하는 것을 보지 않고는 이 네트워크의 잠재적 용도를 다 파악하기 어렵다는 점에서 옹호자들은 옳다. 그러나 표면적으로 보면, 우파의 정치적 이데올로기에 호소해서 그 이데올로기를 강화하는 전망을 둘러싸고 구조화되어 있는 것 같다. 이는 성격상 거의 배타적으로 광범위한 자유지상주의 이데올로기다. 그들은 프리드리히 하이에크와 그의 신봉자인 지미 웨일스를 추종하면서, 공식적인 정치 조직이 아닌 시장이 권력을 행사하는 유일하게 유효한 수단이고(Mirowski 2014, 82-83 참조), 화폐 발행처럼 정부가 자기 영역이라고 주장해온 사회 여러 분야에 경쟁적인 시장 구조를 도입하면 '선(善)이 드러날 것'이라고 믿는다. 그들의 잦은 '민주화' 주문에도 불구하고, 테크노크라트(technocrat: 전문 기술이나 지식을 가진 관료—옮긴이) 엘리트를 자처하는 사람들이 장치와 소프트웨어를 도입하면 정당하게 제정된 법과 법 집행 메커니즘을 능가할 수 있고, 일종의 시장—그와 같은 서비스를 채택하는 시장—이 사회가 그런 서비스의 제공을 판단할 때 사용해야 하는 유일한 수단이라고 주장하는 등의 활동은 심히 비민주적이다. 다음의 발언을 보면, 이런 전략을 가장 열렬하게 옹호하는 자들은 민주적 통치를 거부하는 데 노골적이다. "'우리는 이것을 전면적인 국가 부인의 일환으로 본다'고 코디 윌슨(Cody Wilson)은 말했다. ……그는 올해 초 3D 프린터로 제작할 수 있는 총기 설계도를 온라인에 올려서 유명해졌다. '내가 이상야릇한 여호와의 증인처럼 보일 것이라는 걸 나는 안다. 그러나 우리는 이제 막 시작했을 뿐이다. 우리가 이데올로그라는 걸 우리는 인정한다'"(Feuer 2013).•

소프트웨어 플랫폼이 실용적인 적용에서보다 정치에서 더 많은 힘을 가진다는 걸 상상하는 게 비교적 어려웠던 때가 있었다. 또 코디 윌슨 같은 우파 극단주의자가 전국적

• 코디 윌슨과 그의 3D 프린터 총기 사건의 배경에 대해서는 Silverman (2013) 참조.

인 유수 신문들에 어떤 일의 권위자로 인용된다는 것도 상상하기 힘든 적이 있었다. 오늘날 그런 발언이 특별한 지적도 없이 회자된다는 것은 비트코인이 이데올로기로서 권력을 갖고 있다는 지표이고 (또한 그 이데올로기 자체의 권력 지표이고) 그에 못지않게 그런 기술과 더 나아가 그 기술이 구현하는 이데올로기가 민주주의 자체에 위협을 가한다는 지표다.* 이는 그런 기술을 옹호하는 자들이 스스로 빈번하게 홍보하는 위협이므로, 비(非)우파 정치 사상가들은 암호화폐와 블록체인 기술의 이런 측면을 진지하게 받아들여야 할 필요가 있다.

한편, 비트코인을 이처럼 흥미로운 문화 현상으로 만드는 것은 비트코인 지지자들이 비트코인의 성공을 확고하게 믿

---

* 학계에서 이런 규칙에 일부 예외적인 것으로, 비트코인 담론과 극우 정치적 신념의 유사성이나 관련성을 인정하는 정치 분석에는 Maurer, Nelms and Swartz (2013), Payne (2013), Scott (2014) 등이 있다. Robinson (2014)은 비트코인을 홍보하는 사람들에게서 발견할 수 있는 일반적 신념 체계에 대한 최고의 입문서다.

으면서도 그 성공이 어떨 것인지 합의하는 데 심각한 어려움이 있다는 점이다. 다른 한편, 비트코인이 부패한 중앙은행의 통화를 대체할 것으로 상정하기 때문에, 그 성공은 비트코인의 광범위한 채택을 의미한다. 그러나 '광범위한 채택'에는 비트코인에 열광하는 일부 사람들이 그처럼 싫어하는 바로 그 은행가와 금융가 그리고 정치가들의 채택을 원천적으로 포함하고, 따라서 광범위한 채택의 징조는 비트코인 이상의 불행한 부패로 받아들여진다. 다른 측면에서 보면, 비트코인은 그 광범위한 채택이 초래할 것으로 추정되는 목표, 곧 '국민 국가 종식'이나 최소한 화폐와 관련한 국민 국가의 '전제 정치'를 종식시킬 것으로 여겨진다. 비트코인이 사실상 더 광범위하게 채택되었는데도 국민 국가나 지급준비은행에 실질적으로 아무런 충격도 주지 않는다면, 그것은 실망스러운 실패로 간주된다. 비트코인이 모든 곳에 존재한다는 바람은 완전한 사회 변환을 꿈꾸는 것이고, 이는 극단적인 무정부 자본주의가 추구하는 방향이다. 따라서 비트코인은 성공할 것이며 성공하고 있는 중이라고 생각할 수 있지만, 또한 이런 성공은 가장 열렬한 비트코인 옹호자들의 요구를 충족하지 못할 것이라고 생각할 수 있다(이런 모순적인 주장에 대해서는 Ito 2016; Redman 2016 참조. 비트코인의 '성공'을 정의하는 어려움에 대해서는 Hearn 2016과 다양한 비트코인 공동체 내의 논의 참조). 이데올로기로서 비트코인은 훨씬 더 극단적인 모습으로 계속해서 나타날 텐데, 그런 모습은 명백한 정치적 목표를 드러낼 수도 드러내지 않을 수도 있다. 비트코인이 이런 목표를 달성할지 여부와 상관없이 비트코인의 기본적인 사회적 기능은 이런 생각을 확산하고, 존 버치 협회의 팸플릿이 이미 했던 것보다 더 광범위한 정당성을 이런 생각들에 부여하는 것이다.

한계까지 밀어붙여보면, 비트코인은 신념에 찬 이데올로그들만이 합리적이라고 생각할 수 있는 모순을 즐기고 있다. 자칭 무정부 자본주의자이면서 Liberty.me의 설립자이자 최고 자유 책임자[Chief Liberty Officer, CLO: 최고 경영자(CEO)에서 따온 표현—옮긴이]이고 우파 하트랜드 연구소의 정책 고문인 제프리 터커(Jeffrey Tucker)는 사이버 자유지상주의 및 비트코인과 블록체인 기술의 가장 집요한 옹호자 중 한 명이다. 터커(Tucker 2015a)가 사용하는 'P2P'와 '공유'라는 언어는 민주적 통치에 대한 가차 없는 비방과 함께 디지털에 열광하는 모든 비(非)우파 사람들을 멈칫하게 만들 게 분명하다. 비트코인과 그에 관련된 거래 및 서비스는 모든 종류의 사기와 조작에 철저하게 연루되어왔다(2014년 말까지의 리스트 일부에 대해서는 "List of Bitcoin Heists" 참조). 이는 부분적으로 비트코인이 법적 규제를 피할 수 있도록 의도적으로 설계되었기 때문이다. 이는 또한 사람들이 법의 지배 밖에 있거나 위에 있다고 믿을 때, 특히 돈이 연루되어 있을 때, 어떻게 행동하는지에 대해 많은 것을 시사한다. '사기 이론'(Tucker 2015b)이라는 별난 글에서 터커는 이런 사기와 절도에 대해 이렇게 둘러댄다. 즉, 대부분의 비(非)극단적인 해석에서는 비트코인이 법적 규제에 적대감을 갖는 데서 사기와 절도가 생긴 것이라면서, "어떤 산업에서 소동이 벌어진다고 해서 그 산업의 신용이 떨어진다고는 절대로 생각하지 말라"고 자신의 독자들에게 충고한다.

　사실상 근거가 없진 않지만, 인쇄와 철도처럼 거대한 산업과 세계를 변화시킨 기술은 초기에 사기가 무성했다고 지적하면서도, 터커는 그런 역사가 비트코인이 오늘날 보여주는 것과 정말 유사하다는 걸 증명하지는 못한다.

다음과 같은 터커의 철학적 주장은 점입가경이다. "사기 예술가들이 왜 그토록 비트코인에 마음을 빼앗기는가? 그 답은 사실 아첨이라고 할 수 있는데, 사기 예술가들은 진정한 사업가들의 사악한 사촌이다. 그들은 새로운 기회에 기민하다. 그들은 사교계의 멋쟁이들 사이에서 유행하는 모험에 이끌린다. 사람들이 다음에 크게 유행할 거라고 상상하는 것을 그들은 똑똑히 알아차린다. 기회와 고수익의 전망이 있는 곳에 사기꾼들이 있다. 따라서 그들이 비트코인에 관심을 가진다는 것은 사실 활황의 징조다. 사기 예술가들이 비트코인에 관심을 두지 않는다면, 나는 이 시장을 더 우려할 것이다." 이런 주장이 얼마나 자기 합리화인지를 알려면, 사기 치는 것과는 상관없이 개발된 많은 제품은 말할 것도 없고 사기에 불과했던 '기술'과 제품의 광범위한 역사를 살펴보면 된다. 사기의 존재가 어떤 상품이나 기술의 건강 지표라면, 저온 핵융합, 특허 의약품, (1920년대와 1930년대의 금융 위기 와중에 폐쇄된 것과 같은) 규제받지 않는 투자신탁 회사, 그리고 페니 주식(penny stock: 투기적인 저가 주식－옮긴이)은 모두 안전하고 성공적인 투자의 훌륭한 후보군일 것이다.

터커의 주장은 특별히 두드러진 버전일 수 있지만, 비트코인 옹호론에서 우리가 반복적으로 목도할 수 있는 것이다. 다른 기술이나 통화 그리고 다른 형태의 결제 수단과 비교했을 때, 비트코인이 법적 감시에 저항해 모든 종류의 오용과 남용의 대상이 된다는 사실에도 불구하고, 비트코인 옹호자들은 그 저항을 가장 중요한 종류의 '자유'로 묘사한다. 이는 그들이 합법과 불법, 사기와 합법적 거래의 경계선을 흐리게 해서 이득을 취하는 적지 않은 이유가 있기 때문이고, 그들이 아주 허약하고 독특한 '자유' 개념에 매달리고 있기 때문이다. 이런 기획의 요점은 자유지상주의자들과 무정부 자본주의자들이 도모하는 대부분의 활동과 마찬가지로, 광범위한 영역에서 추출적이고 착취적인 사업 관행을 가능하게 하는 것이다. 아울러 그렇게 해서 그들을 속박하려는 민주적 정치체의 어떤 시도도 미치지 않는 곳에서 기업과 자본의 권력을 증대시키는 것이다.

블록체인의 대체 사용 제안 중에서 가장 시사적인 것 가운데 하나는 옹호자들이 '탈중앙화된 자율 조직(DAO)' 또는

'탈중앙화된 자율 기업(DAC)' 등으로 다양하게 언급하는 걸 창설하는 것이다. '플랫폼으로서 비트코인'이라고 부르는 것의 초기 주창자 한 명은 이를 다음과 같이 설명한다. "비트코인은 진정한 DAC의 최초 프로토타입이고, 비트코인 보유자들은 비트코인 주식회사의 지분을 가진 주주들이다. 인빅터스 이노베이션스(Invictus Innovations)의 회장 스탠 래리머(Stan Larimer)는 DAC를 이렇게 정의한다. '분산형 자율 기업은 부패할 수 없는 사업 규칙의 통제하에 인간의 개입 없이 운영된다. (이것이 분산형 자율 기업이 분산적이고 자율적인 이유다.) 이런 규칙은 주주들의 컴퓨터에 분산되어 있고, 공개적으로 회계 감사를 할 수 있는 오픈소스 소프트웨어로 실행된다'"(Duivestein 2015). 어떤 수준에서는 이것이 합리적으로 보이지만, DAO나 DAC에서 기대하는 것과는 전혀 다르다는 게 드러난다. 가장 단순한 예시 중 하나는 옹호자들이 '스마트 계약'이라고 부르는 것과 관련이 있다. "스마트 계약은 탈중앙화된 자동화의 가장 단순한 형태이고, 다음과 같이 가장 쉽고 정확하게 정의할 수 있다. 즉, 스마트 계약은 디지털 자산과 둘 이상의 당사자가 포함된 메커니즘으로, 당사자 일부 또는 전부가 자산을 넣으면 계약이 시작될 때는 알려지지 않은 데이터에 기초한 공식에 따라 자산이 당사자들 사이에 자동으로 재분산된다"(Buterin 2014). 양쪽 당사자가 동의하고 나면, 조건이 충족되었을 때 당사자들이 추가 행동을 취할 필요 없이 계약이 저절로 이행된다는 게 요점이다. 계약은 '탈중앙화'되고(계약은 어떤 특정된 한 장소에 존재하지 않는다), 자율적이다(다른 행위자들의 개입 없이 스스로 작동한다).

DAC와 DAO 그리고 그 파생물을 옹호하는 자들은 당연하게도 이런 장치를 생성할 수 있는 기술을 설명하는 데 아주 많은 시간을 할애한다. 그러나 비트코인과 마찬가지로, DAC와 DAO 그리고 그 비슷한 것들의 개념에 탑재된 극단주의적인 가정을 알아내는 것은—찾아보려고 한다면—어렵지 않은 일이다. DAC와 DAO의 주요 지지자 중 한 명인 비탈릭 부테린(Vitalik Buterin)은 위에서 인용한 '스마트 계약'에 대한 글의 저자로 "캐나다 대학을 중퇴한 비트코인의 열성 팬"(Schneider 2014)이자 〈비트코인 매거진(Bitcoin Magazine)〉의 공동 설립자다. 그리고 우파 기술 사업가로서 페이팔 설립자인 피터 틸이 후원하는 틸 재단(Thiel Fellowships)에서 10만 달러의 장학금을 받기도 했다

(Rizzo 2014a). 〔장학금은 주로 고학력 거부를 장려하는데, 이는 우파의 틸 등이 공공재를 거부하는 것과 조화를 이룬다(Lind 2014).〕 아울러 부테린은 블록체인 기술을 통화 같은 시스템을 넘어선 응용 프로그램으로 일반화하려는 프로젝트로 잘 알려진 이더리움(Ethereum)의 공동 설립자이기도 하다.

부테린(Buterin 2014)은 DAO와 "그 하위 분류인 DAC"를 탈중앙화한 응용 프로그램의 "성배"로 묘사한다. DAO는 "인터넷에 머물면서 자율적으로 존재하지만, 자동화가 스스로 할 수 없는 임무를 수행할 사람들의 고용에 또한 크게 의존하는 실체다". DAO는 "인공지능이 아니"지만 "스스로 결정을 내린다". DAO는 "내부 자본이 있다. …… 어떤 면에서는 가치 있는 일종의 내부 재산이 있어 특정 활동을 보상하는 메커니즘으로 그 재산을 사용하는 능력이 있다". 이런 DAO가 정확히 무엇을 할 것인지 또는 할 수 있을지는 명확하지 않다. 하지만 진정한 DAO가 어떨 것인지에 대해 DAO **옹호자들**이 가장 빈번하게 선택하는 표상은 SF 작가이자 IT 컨설턴트인 대니얼 수아레스(Daniel Suarez)가 자신의 소설 《데몬(Daemon)》(2006)과 《프리덤(FreedomTM)》(2010)에서 묘사한 '데몬' 과정이다. 수아레스의 책에서 데몬은 천재 수준의 소프트웨어 개발자가 설계하고 자신이 죽은 후 작동이 시작되도록 만든 자율적인 알고리즘 세트다. 그렇게 해서 풀려난 데몬은 어떤 종류의 의지나 욕망도 없지만, 복잡한 일련의 조건부 명령을 실행해 궁극적으로 완전한 세계 혁명을 초래한다. 데몬은 전 세계의 권력에 열중하는 '사악한 천재' 그 자체는 아니지만—닮기는 했다—자신과 쓸 만한 부하라고 여겨지는 사람들에게 권력을 중앙화하고 집중시킨다. (소설 속 사람들은 데몬의 행동 뒤에 살아 있는 인간 또는 인간 집단이 있다고 생각하지만, 독자들은 그렇지 않다는 것을 안다.) 혁명이 일부 긍정적인 측면이 있더라도, 이 책을 읽은 후 그런 자율적이고 통제 불가능하고 자본을 갖춘 알고리즘의 악의에 찬 의도와 위험한 잠재력을 보여주는 것 외에 수아레스에게 다른 어떤 목적이 있다고 생각하기는 어렵다. 하지만 블록체인을 장려하는 사람들은 수아레스 소설의 종말론적 성격에는 주목하지 않으면서—이 책들이 바람직한 결과를 묘사한다고 여기면서—데몬을 그들이 구축하고자 하는 것으로 불러내기 일쑤다(예를 들어 "Decentralized Autonomous Corporation"; Duivestein 2015; Swan 2015, 17 참조).

DAO와 DAC라는 생각과 자본의 긴밀한 관계는─혁명과 '민주화'라는 수사에도 불구하고─이런 구조로 인해 법적이고 민주적인 감시에서 벗어나려는 자본 권력이 훨씬 더 강화되는 놀라운 측면을 보여준다. DAO와 DAC라는 명칭에서 작동하는 언어유희는 그 프로젝트의 기초를 형성하는, 내재해 있으면서도 아주 의심스러운 가정(假定)의 일면을 드러내 보인다. 즉, 집중된 권력은 현재 '중앙집중적'이지만 '자율적'이지 않아서 필요한 건 그 반대라는 것이다. 하지만 현대 정치경제의 공평한 관찰자가 어떻게 그런 평가에 동의할 수 있을지는 알기 어렵다. 그 반대로, 오늘날 가장 심각한 경제적·정치적 문제 대부분은 자본이 보통 '기업'의 이름으로 집중되어 놀라울 정도로 탈중앙화되고 자율적인 방식으로 작동하는 능력에서 비롯된다. 이미 스스로 취했던 것보다 훨씬 더 많은, 민주적 감시에서 벗어난 권력을 자본에 부여하는 것은 세상에 전혀 필요하지 않다고 조금도 과장 없이 말할 수 있을지도 모른다.

비트코인에 열광하는 사람들은 모든 사건을 암호 화폐의

피할 수 없는 '성공'의 지표라고 해석하는 묘한 능력을 가졌다. 세계 통화와 관련해 비트코인의 가치가 오를 때, 비트코인에 열광하는 사람들은 축하한다. 내려갈 때는 이런 전개와 반대되는 역사적 전례가 있음에도 불구하고, 가치 저장으로 성공하는 전조인 안정성이 도래하는 표시다. 비트코인 거래를 가능케 하는 규제는 그걸 통화로 진지하게 취급하고 있다는 의미다. 거래를 제한하는 규제는 정부가 실패하고 있어 그 규제를 대체하는 '새로운' 비트코인 경제가 부상하고 있다는 의미다. 이런 양상 자체가 비트코인의 이데올로기적 권력의 가장 강력한 지표 중 하나이고, 이 지표는 블록체인을 둘러싼 담론에 반영되어 있는 것 못지않게 블록체인 자체의 구조에 반영되어 있다.

그래서 역설적으로, 벤처 자본가들이 비트코인에 어떤 식으로든 집중하는 회사에 폭넓게 투자했다는 평판이 있다는 사실은 주류를 채택하면서 동시에 '주류'를 파괴하는 징후다. 이런 점에서 많은 유통업체가 비트코인을 교환 수단으로 받아들일 수 있다. 아마존, 타깃, 델 같은 주요 유통업체는 최소한 일정 정도는 이미 그렇게 하고 있다. 하지만 많은 선택지 가운데 물건값을 지불하는 선택지 하나를 더 갖는 것만으로는 전혀 혁명적이기 않다. 그 때문에 이런 성공은 어느 정도 실망스럽다. 게다가 필연적인 가치 변동성 그리고 비트코인을 더 광범위하게 수용되는 다른 교환 수단과 교환할 때 발생하는 비용은 비트코인의 강점이라고 할 만한 것을 결국 갉아먹는다. 교환 수수료는 비트코인에 열광하는 사람들이 그토록 싫어하는 중개인 거래 수수료를 그대로 닮았는데(Kroeger and Sarkar 2016), 신용카드와 일부 은행 거래의 가역성(거래 이전으로 되돌릴 수 있는 가능성 – 옮긴이)은 대부분의 사용자에게 하나의 특성이지 버그가 아니다. 일반적으로, 비트코인이 명시적으로 거부하는 혜택을 다른 교환 시스템들은 대부분의 사용자에게 제공한다. 비트코인에 열광하는 사람들이 이런 혜택이 얼마나 중요한지 깨달으면 깨달을수록 혁명적이고 변혁적인 모습은 점점 더 줄어든다. 그래서 광범위한 사용 가능성은 '혁명적' 잠재력과 약간은 반비례 관계여서, 광범위하게 사용될수록 원래 의미가 줄어든다.

하지만 그렇다고 플랫폼과 정치 양면에서 비트코인의 (그리고 블록체인의) 잠재력에 대한 우려를 잠재울 수 있는 것은 아니다. 사실, 어느 것이 더 우려스러운지는 분명하지 않다. 담론의 대상으로서 비트코인과 블록체인은 정치 사상과 행동의 전체 역사를 갖다 버려야 한다는 시각을 강화하거나, 이보다 훨씬 더 나쁘게 상당한 디지털 기술의 도입으로 **이미 그렇게 되었다**는 시각을 강화하는 일을 훌륭하게 수행한다. 그래서 《비트코인에서 불타는 인간과 그 너머로(From Bitcoin to Burning Man and Beyond)》(Clippinger and Bollier 2014)라는 기이하리만큼 정직하고 파괴적인 책의 서문에서 편집자들(그중 한 명은 MIT에서 연구하는 과학자다)은 다음과 같이 말한다. "민주적 통치라는 계몽주의의 이상은 수명을 다한 것처럼 보인다. 과학적 발견의 지속적인 흐름은 인간의 합리성과 완벽성을 주장하는 많은 토대를 허물고 있으며, 급격한 기술 변화와 폭발적인 세계 인구는 민주주의 제도가 효과적으로 통치하는 역량을, 궁극적으로는 제도의 정당성 자체를 압도한다."(x) 수백 년의 사상과 업적과 삶에 그처럼 갑작스럽게 퇴짜를 놓는 것은 정치 제도에 대한 다음과 같은 사이버 자유지상주의 사고와 극단주의적 재해석에서 비롯된 것이다. "한때 중앙은행의 권위나 주권적 권위가 필요했던 것을 이제는 개방적이고 분산된 암호 알고리즘으로 얻을 수 있다. 국경, 전통적인 법 제도 그리고 인간의 개입은 점점 더 문제투성이다."(xi) 대부분의 이데올로기 구조처럼 이런 감정은 사실에 의거해 틀렸다고 증명되는 것에 강력하게 저항한다. 그래서 블록체인을 구성하는 블록의 크기에 대한 기술적 쟁점, 즉 블록체인 전체가 거래를 처리하기엔 불안정하거나 너무 느리게 되는 결과를 초래할 수 있는 문제에 비트코인이 직면했을 때, 소프트웨어의 새 버전〔오픈소스 개발 용어로는 '포크(fork: 블록체인의 오픈소스 코드를 수정해서 새로운 체인 규칙을 수립하는 현상―옮긴이)〕으로의 이동 가능성에 대한 다툼이 발생했다. 다툼 도중에 비트코인 코드에 완전히 접근할 수 있는 두 진영 사이에 균열이 생겨 한 진영은 포크를 개발하면서 지지했고, 다른 쪽은 이에 반대했다(Bustillos 2015). 이는 지배 구조, 권위 그리고 중앙집중화의 문제다. 그래서 탈중앙화되고 초(初)민주적이고 분산된 지배 구조 메커니즘이 효율성을 드러내기보다는, 비트코인 자체의 지배 구조조차 블록체인이 마법처럼 해체해버렸다고 종종 말하는 독재, 내분, 불신, 중앙집중화를 그대로 보여주었다.

비트코인 지지자들(그리고 다른 많은 이들)의 모순적인 사이버 자유지상주의적 사고방식을 비트코인 '암살 시장'(Greenberg 2013)을 설립한 일명 '산주로(Sanjuro)'라는 인물의 태도보다 전형적으로 보여주는 것도 별로 없다. 산주로는 정치인을 살해하도록 사람들에게 인센티브를 주어 "모든 정부를 모든 곳에서 파괴할 것"이라고 믿는다. 이런 무정부적 종말은 "세계를 더 좋게 변화시켜 저인망식 팬옵티콘(Panopticon: 영국의 공리주의 철학자 제러미 벤담이 제안한 교도소의 한 형태— 옮긴이) 감시, 핵무기, 군대, 억압, 화폐 조작 그리고 무역 제한이 없는 세계"를 만들 것이라고 한다. 이데올로기로 시야가 좁아진 사람만이 세계 역사를 보면서 민주적으로 선출된 정부의 대표자를 살해하고, 그래서 정부 자체를 소멸시키면 이런 모든 문제가 지금의 상태보다 헤아릴 수 없을 정도로 더 나빠지는 일은 없을 거라고 상상할 수 있을 것이다. 그러나 이는 결국 무정부 자본주의, 승자독식, 신봉건주의 등 극단적 우파의 정치적 시각이다. 아울러 비트코인은 물론 다른 암호 화폐와 블록체인 공동체의 너무나 많은 사람이 자신의 정치적 성향이 어떻다고 믿든 이런 정치적 시각을 실현하려고 적극적으로 활동하고 있다. 이는 비트코인과 블록체인이 비(非)우파의 목적을 위해 절대 쓰일 수 없다는 얘기가 아니다. 또한 블록체인 공동체의 모든 사람이 우파 성향이라는 얘기는 더더구나 아니다. 하지만 이 소수의 사람들이 어떻게 소프트웨어로—문자 그대로—코드화된 정치적 가치에 저항할 수 있을지 알아내기는 어렵다. 우리를 위험에 빠뜨리면서 소프트웨어 설계를 통해 자신들의 정치적 비전을 실현하려는 엔지니어들 그리고/또는 이데올로그들의 권력을 우리가 신용하지 않는다는 것을 최근의 사건들이 거듭해서 보여주었다. 그런 권력과 싸우기 위해 필요한 것은 스스로 정치 위에 존재한다고 생각하는 사람들과 알고리즘 플랫폼 사이의 전쟁이 아니라, 블록체인을 구축해서 해체하려는 정치권력을 재천명하는 것이다.

감사의 글

이 원고의 초기 버전에 유용한 논평을 해준 마크 에임스(Mark Ames), 퀸 듀폰트(Quinn DuPont), 아니 드뵈버(Arne DeBoever), 프랭크 패스퀘일(Frank Pasquale) 그리고 미네소타 대학교 출판부에 있는 익명의 독자에게 감사드린다. 데일 캐리코(Dale Carrico), 프리마베라 드 필리피(Primavera De Filippi), 트레버 크로저(Trevor Kroger), 야샤 러빈(Yasha Levine), 기어트 러빙크(Geert Lovink), 레이철 오드와이어(Rachel O'Dwyer), 너새니얼 트카츠(Nathaniel Tkacz)와 나눈 대화, 그리고 '머니 랩 2: 반대의 경제(Money Lab 2: Economies of Dissent)' 콘퍼런스의 청중들은 이 논제의 마지막 형태를 다듬는 데 도움을 주었다. 특히 리사 앨스펙터(Lisa Alspector)가 편집자로 광범위하게 논평을 해준 데 감사를 표한다.

참고문헌

Abel, Andrew B., Ben S. Bernanke, and Dean Croushore. 2008. *Macro-economics*. 3rd ed. Boston: Pearson.

Allen, Katie. 2013. "Gold Price Volatility Hits Pawnbroker's Profits." *The Guardian* (September). http://www.theguardian.com/.

Ames, Mark. 2015. "Google Is Helping to Fund the Group That's Trying to Kill Obamacare in the Supreme Court." *Pando Daily* (March 18). http://pando.com/.

Andolfatto, David. 2013. "Why Gold and Bitcoin Make Lousy Money." *Economist's View* (April). http://economistsview.typepad.com.

Andreessen, Marc. 2014. "Why Bitcoin Matters." *New York Times* (January). http://dealbook.nytimes.com/.

Antonopoulos, Andreas M. 2014. *Mastering Bitcoin*. Sebastopol, Calif.: O'Reilly Media.

Aziz, John. 2013. "Is Inflation Always and Everywhere a Monetary Phenomenon?" Azizonomics (March 10). http://azizonomics.com/.

_____. 2014. "Why Won't Inflation Conspiracy Theories Just Die

Already?" *The Week* (August 14). http://theweek.com/.

Barbrook, Richard, and Andy Cameron. 1996. "The Californian Ideology." *Science as Culture* 6, no. 1: 44-72.

Barlow, John Perry. 1996. "A Declaration of the Independence of Cyberspace." Electronic Frontier Foundation. http://projects.eff. org/.

Bauwens, Michel. 2014. "A Political Evaluation of Bitcoin." P2P Foundation (September 9). https://blog.p2pfoundation.net/.

Beigel, Ofir. 2015. "On Mixers, Tumblers, and Bitcoin Pseudonymity." Bytecoin (June 10). http://bytecoin.org/.

Berlet, Chip. 2009. *Toxic to Democracy: Conspiracy Theories, Demonization, and Scapegoating.* Somerville, Mass.: Political Research Associates.

Berlet, Chip, and Matthew N. Lyons. 2000. *Right-Wing Populism in America: Too Close for Comfort.* New York: Guilford Press.

Berlin, Isaiah. 1958. "Two Concepts of Liberty." In *Liberty*, 166-217. New York: Oxford University Press, 2002.

Birchall, Clare. 2006. *Knowledge Goes Pop: From Conspiracy Theory to Gossip.* Oxford, UK: Berg.

Boase, Richard. 2013. "Cypherpunks, Bitcoin, and the Myth of Satoshi Nakamoto." Cybersalon (September 5). http://www.cybersalon. org/.

Borchgrevink, Jonas. 2014. "Ron Paul Loves His Own Ron Paul Coin and Is Positive about Bitcoin." CryptoCoinsNews (January 16). http://www.cryptocoinsnews.com/.

Brands, H. W. 2006. *The Money Men: Capitalism, Democracy, and the Hundred Years' War over the American Dollar*. New York: Norton.

Bratich, Jack Z. 2008. *Conspiracy Panics: Political Rationality and Popular Culture*. Albany: State University of New York Press.

Brito, Jerry, and Andrea Castillo. 2013. *Bitcoin: A Primer for Policy-makers*. Arlington, Va.: Mercatus Center, George Mason University.

Brown, Ellen Hodgson. 2008. *Web of Debt: The Shocking Truth about Our Money System and How We Can Break Free*. 3rd ed. Baton Rouge, La.: Third Millennium Press.

Bustillos, Maria. 2015. "Inside the Fight over Bitcoin's Future." *New Yorker* (August 25). http://www.newyorker.com/.

Burdekin, Richard C., and Pierre L. Siklos, eds. 2004. *Deflation: Current and Historical Perspectives*. New York: Cambridge University Press.

Buterin, Vitalik. 2014. "DAOs, DACs, Das, and More: An Incomplete Terminology Guide." Ethereum (May 6). http://blog.ethereum.org/.

Carrico, Dale. 2005. "Pancryptics: Technocultural Transformations of the Subject of Privacy." Ph.D. diss., University of California, Berkeley.

_____. 2009. "Condensed Critique of Transhumanism." Amor Mundi (January 25). http://amormundi.blogspot.com/.

_____. 2013a. "Futurological Discourse and Posthuman Terrains." *Existenz* 8, no. 2: 47-63.

_____. 2013b. "The Superlative Summary." Amor Mundi (July 14). http://amormundi.blogspot.com/.

Casey, Michael J. 2014. "Bitcoin Foundation's Chief Jon Matonis to

Resign." *Wall Street Journal* (October 30). http://www.wsj.com/.

Chomsky, Noam. 2015. "Creating the Horror Chamber." *Jacobin* (July 28). http://www.jacobinmag.com/.

Clippinger, John H., and David Bollier, eds. 2014. *From Bitcoin to Burning Man and Beyond: The Quest for Identity and Autonomy in a Digital Society*. Boston: ID3/Off the Common Books.

Conner, Claire. 2013. *Wrapped in the Flag: What I Learned Growing Up in America's Radical Right, How I Escaped, and Why My Story Matters Today*. Boston: Beacon Press.

"Controlled Supply." Bitcoin wiki. http://en.bitcoin.it/.

Cox, James. 2013. *Bitcoin and Digital Currencies: The New World of Money and Freedom*. Baltimore: Laissez Faire Books.

Davidson, Paul. 2013. "Is Bitcoin 'Money'? The Post-Keynesian View." Real-World Economics Review Blog (November), http://rwer.wordpress.com/.

"Decentralized Autonomous Corporation." Coinwiki. http://coinwiki.info/.

Diamond, Sara. 1995. *Roads to Dominion: Right-Wing Movements and Political Power in the United States*. New York: Guilford Press.

Doherty, Brian. 1995. "The Best of Both Worlds: An Interview with Milton Friedman." *Reason* (June 1). http://reason.com/.

Duivestein, Sander. 2015. "Bitcoin 2.0 Enables Autonomous, Leaderless Organizations." Sogeti Labs (March 12). http://labs.sogeti.com/.

Duivestein, Sander, and Patrick Savalle. 2014. "Bitcoin 2.0: It's the Platform, Not the Currency, Stupid!" SlideShare. http://www.

slideshare.net/patricksavalle/.

DuPont, Quinn. 2014. "The Politics of Cryptography: Bitcoin and the Ordering Machines." *Journal of Peer Production* 4 (January). http://peerproduction.net/.

DuPont, Quinn, and Bill Maurer. 2015. "Ledgers and Law in the Blockchain." *King's Review* (June 23). http://kingsreview.co.uk/.

Dyson, Esther, George Gilder, George Keyworth, and Alvin Toffler. 1994. "Cyberspace and the American Dream: A Magna Carta for the Knowledge Age." *Future Insight* (August). http://www.pff. org/.

Emery, Joel, and Miranda Stewart. 2015. "All around the World, Regulators Are Realizing Bitcoin Is Money." The Conversation (August 11). http://theconversation.com/.

Epperson, A. Ralph. 1985. *The Unseen Hand: An Introduction to the Conspiratorial View of History.* Tucson: Publius Press.

Falkvinge, Rick. 2011. "Why I'm Putting All My Savings into Bitcoin." Falkvinge.net (May 29). http://falkvinge.net/.

_____. 2013a. "Bitcoin's Vast Overvaluation Appears Partially Caused by (Usually) Illegal Price-Fixing." Falkvinge.net (September 13). http://falkvinge.net/.

_____. 2013b. "The Target Value for Bitcoin Is Not Some $50 or $100: It is $100,000 to $1,000,000." Falkvinge.net (March 6). http:// falkvinge.net/.

Farivar, Cyrus. 2013. "Federal Reserve: While Bitcoins Hold 'Promise,' We Have No Regulatory Authority." Ars Technica (November 18).

http://arstechnica.com/.

Federal Reserve Bank of St. Louis. 2015a. "A Closer Look at Open Market Operations." Federal Reserve Bank of St. Louis. http://www.stlouisfed.org/.

———. 2015b. "How Monetary Policy Works." Federal Reserve Bank of St. Louis. http://www.stlouisfed.org/.

Felten, Ed. 2014. "Bitcoin Mining Now Dominated by One Pool." Freedom to Tinker (June 16). http://freedom-to-tinker.com/.

Feuer, Alan. 2013. "The Bitcoin Ideology." New York Times (December). http://www.nytimes.com/.

Flanders, Laura, ed. 2010. At the Tea Party: The Wing Nuts, Whack Jobs, and Whitey-Whiteness of the New Republican Right ... and Why We Should Take It Seriously. New York: OR Books.

Foxman, Simone. 2012. "Ron Paul Believes in an Inflation Conspiracy Theory: And Here's Why It's Totally Wrong." Business Insider (February 29). http://www.businessinsider.com/.

Friedman, Milton. 1963. "Inflation: Causes and Consequences." In Friedman, Dollars and Deficits: Inflation, Monetary Policy, and the Balance of Payments, 21-71. Englewood Cliffs, N.J.: Prentice-Hall, 1968.

———. 1993. Why Government Is the Problem. Stanford, Calif.: Hoover Institution Press.

Frisby, Dominic. 2014. Bitcoin: The Future of Money? London: Unbound.

Frisch, Helmut. 1983. Theories of Inflation. New York: Cambridge

University Press.

Frontline. 2009. "Interview with Brooksley Born." (October). PBS. http:// www.pbs.org/wgbh/pages/frontline/.

Galbraith, John Kenneth. 1975. *Money: Whence It Came From, Where It Went.* New York: Houghton Mifflin.

Galloway, Alexander R. 2014. "The Reticular Fallacy." *The b2 Review* (December 17). http://boundary2.org/.

Gans, Joshua. 2013. "Time for a Little Bitcoin Discussion." Economist's View (December). http://economistsview.typepad.com/.

Giddens, Anthony. 1985. *The Nation State and Violence.* Vol. 2 of *A Contemporary Critique of Historical Materialism.* Cambridge, UK: Polity Press.

Gillman, Howard. 1995. *The Constitution Besieged: The Rise and Demise of Lochner Era Police Powers Jurisprudence.* Durham, N.C.: Duke University Press.

Glaser, Florian, Kai Zimmermann, Martin Haferkorn, Moritz Christian Weber, and Michael Siering. 2014. "Bitcoin: Asset or Currency? Revealing Users' Hidden Intentions." Twenty Second European Conference on Information Systems. http://papers.ssrn.com/.

"Gold Fix: The London Gold Fix." BullionVault. http://www.bullion vault.com/.

Golumbia, David. 2009. *The Cultural Logic of Computation.* Cambridge, Mass.: Harvard University Press.

_____. 2012. "Computerization, Centralization, and Concentration." uncomputing (October 25). http://www.uncomputing.org/.

_____. 2013a. "Completely Different and Exactly the Same." uncomputing (March 6). http://www.uncomputing.org/.

_____. 2013b. "Cyberlibertarianism: The Extremist Foundations of 'Digital Freedom.'" Talk delivered at Clemson University (September). http://www.uncomputing.org/.

_____. 2013c. "Cyberlibertarians' Digital Deletion of the Left." *Jacobin* (December 4). http://www.jacobinmag.com/.

_____. 2014a. "Bitcoinsanity 1: The (Ir)relevance of Finance, or, It's (Not) Different This Time." uncomputing (January 6). http://www.uncomputing.org/.

_____. 2014b. "Bitcoinsanity 2: Revolutions in Rhetoric." uncomputing (June 26). http://www.uncomputing.org/.

_____. In preparation. *Cyberlibertarianism: How the Digital Revolution Tilts Right.*

Gongloff, Mark. 2013. "Paul Krugman Trolls Bitcoin Fans: Guess What Happens Next." *Huffington Post* (December 30). http://www.huffingtonpost.com/.

Goodley, Simon. 2013. "Could Gold Be the Next Libor Scandal?" *The Guardian* (March). http://www.theguardian.com/.

Greenberg, Andy. 2013. "Meet the 'Assassination Market' Creator Who's Crowdfunding Murder with Bitcoins." *Forbes* (November). http://www.forbes.com/.

Griffin, G. Edward. 1998. *The Creature from Jekyll Island: A Second Look at the Federal Reserve*. 3rd ed. Westlake Village, Calif.: American Media.

Grimmelmann, James, and Arvind Narayanan. 2016. "The Blockchain Gang." *Slate* (February 18). http://www.slate.com/.

Hardoon, Deborah. 2015. "Wealth: Having It All and Wanting More." Oxfam Issue Report (January). http://policy-practice.oxfam.org.uk/.

Hayase, Nozomi. 2015. "Coding Freedom: Can Blockchain Technology Help Build a Foundation for Real Democracy?" Falkvinge.net (March 22). http://falkvinge.net/.

Hearn, Mike. 2016. "The Resolution of the Bitcoin Experiment." Medium (January 14). https://medium.com/@octskyward/.

Hoepman, Jaap-Henk. 2008. "Distributed Double Spending Prevention." http://arxiv.org/.

"History of Bitcoin." Wikipedia. http://en.wikipedia.org/.

"How Does Bitcoin Work?" 2015. Bitcoin.org. http://bitcoin.org/.

Hughes, Eric. 1993. "A Cypherpunk's Manifesto." Electronic Frontier Foundation. http://www.eff.org/.

Hutchinson, Frances, Mary Mellor, and Wendy Olsen. 2002. *The Politics of Money: Towards Sustainability and Economic Democracy*. London: Pluto Press.

Ingham. Geoffrey. 2004. *The Nature of Money*, Malden, Mass.: Polity Press.

Ito, Joi. 2016. "Why I'm Worried about Bitcoin and the Blockchain." CoinDesk (February 22). http://www.coindesk.com/.

John Birch Society. 2009. "What Is Money?" http://www.jbs.org/.

Kelly, Brian. 2015. *The Bitcoin Big Bang: How Alternative Currencies Are about to Change the World*. Hoboken, N.J.: Wiley.

Kostakis, Vasilis, and Chris Giotitsas. 2014. "The (A)Political Economy of Bitcoin." *TripleC: Communication, Capitalism, and Critique* 12, no. 2: 431-40.

Kroeger, Alexander, and Asani Sarkar. 2016. "Is Bitcoin Really Frictionless?" *Liberty Street Economics* (March 23). http://libertystreet economics.newyorkfed.org/.

Krugman, Paul. 2007. "Who Was Milton Friedman?" *New York Review of Books* (February 15). http://www.nybooks.com/.

_____. 2011. "Inflation Conspiracy Theories." *New York Times* (December 18). http://krugman.blogs.nytimes.com/.

_____. 2013. "Bitcoin Is Evil." *New York Times* (December 28). http://krugman.blogs.nytimes.com/.

Lanchester, John. 2016. "When Bitcoin Grows Up." *London Review of Books* 38, no. 8: 3-12.

Langlois, Jill. 2013. "Liberty Reserve Digital Money Service Shut Down, Founder Arrested." *GlobalPost* (May 27). http://www.globalpost.com/.

Larson, Martin. 1975. *The Federal Reserve and Our Manipulated Dollar: With Comments on the Causes of Wars, Depressions, Inflation, and Poverty.* Old Greenwich, Conn.: Devin-Adair.

Lepore, Jill. 2010. *The Whites of Their Eyes: The Tea Party's Revolution and the Battle over American History.* Princeton, N.J.: Princeton University Press.

Levin, Mark R. 2009. *Liberty and Tyranny: A Conservative Manifesto.* New York: Simon and Schuster.

Lind, Michael. 2014. "Why Celebrity 'Genius' Peter Thiel Is Grossly Overrated." *Salon* (September 11). http://www.salon.com/.

"List of Bitcoin Heists." 2014. Bitcointalk.org forum. http://bitcointalk.org/.

Liu, Alec. 2013. "Why Bitcoins Are Just Like Gold." *Vice Motherboard* (March 21). http://motherboard.vice.com/.

Lopp, Jameson. 2016. "Bitcoin and the Rise of the Cypherpunks." CoinDesk (April 9). http://www.coindesk.com/.

Madore, P. H. 2015. "Alleged Sheep Marketplace Owner Identified in Czech Republic." CryptoCoinsNews (March 29). http://www.cryptocoinsnews.com/.

Malcolm, Jeremy. 2013. "Internet Freedom in a World of States." Paper presented at WSIS+10 Review (February 27). http://www.intgovforum.org/.

Malmo, Christopher. 2015. "Bitcoin Is Unsustainable." *Vice Motherboard* (June 29). http://motherboard.vice.com/.

Marx, Jared Paul. 2015. "Bitcoin as a Commodity: What the CFTC's Ruling Means." CoinDesk (September 21). http://www.coindesk.com/.

Matonis, Jon. 2012a. "Bitcoin Prevents Monetary Tyranny." *Forbes* (October). http://www.forbes.com/.

____. 2012b. "WikiLeaks Bypasses Financial Blockade with Bitcoin." *Forbes* (August). http://www.forbes.com/.

Maurer, Bill, Taylor C. Nelms, and Lana Swartz. 2013. "'When Perhaps the Real Problem Is Money Itself!': The Practical Materiality of

Bitcoin." *Social Semiotics* 23, no. 2: 261-77.

May, Timothy C. 1992. "The Crypto-Anarchist Manifesto." Activism. net. http://www.activism.net/.

Meiklejohn, Sarah, and Claudio Orlandi. 2015. "Privacy-Enhancing Overlays in Bitcoin." Financial Cryptography and Data Security Nineteenth Annual Conference. http://fc15.ifca.ai/.

Mellor, Mary. 2010. *The Future of Money: From Financial Crisis to Public Resource*. London: Pluto Press.

Mencimer, Stephanie. 2010. "Glenn Beck's Golden Fleece: The Right Wing's Paranoid Pitch for Overpriced Gold." In *At the Tea Party: The Wing Nuts, Whack Jobs, and Whitey-Whiteness of the New Republican Right ... and Why We Should Take It Seriously*, edited by Laura Flanders, 247-59. New York: OR Books.

Michaels, Walter Benn. 1988. *The Gold Standard and the Logic of Naturalism: American Literature at the Turn of the Century*. Berkeley: University of California Press.

Mirowski, Philip. 2014. *Never Let a Serious Crisis Go to Waste: How Neoliberalism Survived the Financial Meltdown*. New York: Verso Books.

Mishkin, Frederic S. 1984. "The Causes of Inflation." National Bureau of Economic Research Working Paper 1453. http://www.nber.org/.

Mullins, Eustace. 1992. *The World Order: Our Secret Rulers*. Rev. ed. Staunton, Va.: Ezra Pound Institute of Civilization.

_____. 1993. *The Secrets of the Federal Reserve: The London Connection*. Carson City, Nev.: Bridger House Press.

Mulloy, Darren. 2005. *American Extremism: History, Politics, and the Militia Movement*. New York: Routledge.

Murray, Cameron (Rumpelstatskin). 2013. "Everything I Was Afraid to Ask about Bitcoin but Did." Naked Capitalism (November). http://www.nakedcapitalism.com/.

"Myths." Bitcoin wiki. http://en.bitcoin.it/.

Nakamoto, Satoshi. 2008. "Bitcoin: A Peer-to-Peer Electronic Cash System." Bitcoin.org. http://bitcoin.org/.

_____. 2009. "Bitcoin Open Source Implementation of P2P Currency." P2P Foundation (February 11). http://p2pfoundation.ning.com/.

Naughton, John. 2016. "Is Blockchain the Most Important IT Invention of Our Age?" *The Guardian* (January 24). http://www.theguardian.com.

O'Dwyer, Rachel. 2015. "The Revolution Will (Not) Be Decentralized: Blockchain-Based Technologies and the Commons." Academia.edu. https://www.academia.edu/.

Otar, Okropir. 2015. "Mining Consolidation: The Bitcoin Guillotine?" Bitcoin News Channel (December 20). http://bitcoinnewschannel.com/.

Pagliery, Jose. 2014. *Bitcoin: And the Future of Money*. Chicago: Triumph Books.

Patron, Travis. 2015. *The Bitcoin Revolution: An Internet of Money*. Diginomics.com.

Paul, Ron. 2003. "Paper Money and Tyranny." U.S. House of Representatives (September 5). Archived at https://www.lewrockwell.

com/.

Payne, Alex. 2013. "Bitcoin, Magical Thinking, and Political Ideology."
al3x.net (December 18). http://al3x.net/.

Perelman, Michael. 2007. *The Confiscation of American Prosperity:
From Right-Wing Extremism and Economic Ideology to the Next
Great Depression*. New York: Palgrave Macmillan.

Pettifor, Ann. 2014. *Just Money: How Society Can Break the Despotic
Power of Finance*. Kent, U.K.: Commonwealth Publishing.

Piketty, Thomas. 2014. *Capital in the Twenty-First Century*. Cambridge,
Mass.: Harvard University Press.

Popper, Nathaniel. 2015. *Digital Gold: Bitcoin and the Inside Story
of the Misfits and Millionaires Trying to Reinvent Money*. New
York: HarperCollins.

Powers, Shawn M., and Michael Jablonski. 2015. *The Real Cyber War:
The Political Economy of Internet Freedom*. Urbana: University
of Illinois Press.

Puddington, Arch. 2013. "The Tea Party's Views on Tyranny, at Home
and Abroad." Freedom at Issue (September 17). http://freedom
house.org/.

Reagan, Ronald. 1981. Inaugural Address (January 20). In *The Amer-
ican Presidency Project*, edited by Gerhard Peters and John T.
Woolley. http://www.presidency.ucsb.edu/.

Redman, Jamie. 2015. "An Introduction to the Cypherpunk Tale."
Bitcoin.com (August 30). http://www.bitcoin.com/.

_____. 2016. "Central Banks' Failed Policies Are Strengthening Bitcoin."

Bitcoin.com (January 12). https://news.bitcoin.com/.

Richardson, Tim. 2001. "Beenz Denies It's about to Be Canned: Global 'Net' Currency Devalued Big-Time." *The Register* (May 16). http://www.theregister.co.uk/.

Rizzo, Pete. 2014a. "$100k Peter Thiel Fellowship Awarded to Ethereum's Vitalik Buterin." CoinDesk (June 5). http://www.coindesk.com/.

_____. 2014b. "Tokyo Police Launch Investigation into Missing Mt. Gox Bitcoin." CoinDesk (July 30). http://www.coindesk.com/.

Robinson, Jeffrey. 2014. *Bitcon: The Naked Truth about Bitcoin*. Seattle: Amazon Digital Services.

"Ron Paul Sites Are Obsessed with Jews, Zionists, and Israel." 2011. RonPaulSupporters.com (December). http://ronpaulsupporters.com/.

Rothbard, Murray. 1974. *Egalitarianism as a Revolt against Nature and Other Essays*. Auburn, Ala.: Mises Institute, 2000.

_____. 2002. *A History of Money and Banking in the United States: The Colonial Era to World War II*. Edited by Joseph Salerno. Auburn, Ala.: Mises Institute.

Sarkar, Debleena. 2015. "Mark Karpeles Faces New Charges in the Bitcoin Scandal." *International Business Times*, Australia ed. (August 3). http://www.ibtimes.com.au/.

Schneider, Nathan. 2014. "Meet Vitalik Buterin, the 20-Year-Old Who Is Decentralizing Everything." Shareable (July 31). http://www.shareable.net/.

Schroeder, Jeanne L. 2015. "Bitcoin and the Uniform Commercial Code." Cardozo Legal Studies Research Paper 458. http://papers. ssrn.com/.

Scott, Brett. 2014. "Visions of a Techno-Leviathan: The Politics of the Bitcoin Blockchain." *E-International Relations* (June). http://www. e-ir.info/.

____. 2016. "How Can Cryptocurrency and Blockchain Technology Play a Role in Building Social and Solidarity Finance?" United Nations Research Institute for Social Development Working Paper 2016-1. http://www.unrisd.org/.

Skocpol, Theda, and Vanessa Williamson. 2013. *The Tea Party and the Remaking of Republican Conservatism*. New York: Oxford University Press.

Shoff, Barbara. 2012. "Ron Paul Sound Currency Message Is Resonating with Worldwide Leaders, Including China." *PolicyMic* (October). http://mic.com/.

Shostak, Frank. 2013. "The Bitcoin Money Myth." Ludwig von Mises Institute (April). http://mises.org/.

Silverman, Jacob. 2013. "A Gun, a Printer, an Ideology." *New Yorker* (May). http://www.newyorker.com/.

Smart, Evander. 2015. "Why Bitcoin Qualifies as Money While the Dollar Is Just Currency." CryptoCoinsNews (May 4). http://www. cryptocoinsnews.com/.

Soltas, Evan. 2013. "Bitcoin Really Is an Existential Threat to the Modern Liberal State." *Bloomberg View* (April). http://www.

bloombergview.com/.

Sorrentino, Nick. 2013. "Paul Krugman Is Scared: He Says 'Bitcoin Is Evil': Undermines Central Banks." Against Crony Capitalism (December 29). http://www.againstcronycapitalism.org/.

Suarez, Daniel. 2006. *Daemon*. New York: Dutton.

_____. 2010. *Freedom*™. New York: Dutton.

Sutton, Anthony C. 1995. *The Federal Reserve Conspiracy*. San Diego: Dauphin Publications, 2014.

Swan, Melanie. 2015. *Blockchain: Blueprint for a New Economy*. Sebastopol, Calif.: O'Reilly Media.

Swanson, Tim. 2014. *The Anatomy of a Money-Like Informational Commodity: A Study of Bitcoin*. Seattle: Amazon Digital Services.

Tapscott, Don, and Alex Tapscott. 2016. *Blockchain Revolution: How the Technology behind Bitcoin Is Changing Money, Business, and the World*. New York: Penguin.

Thierer, Adam, and Berin Szoka. 2009. "Cyber-Libertarianism: The Case for Real Internet Freedom." Technology Liberation Front (August 12). http://techliberation.com/.

Tkacz, Nathaniel. 2012. "From Open Source to Open Government: A Critique of Open Politics." *Ephemera: Theory and Politics in Organization* 12, no. 4: 386-405.

Tucker, Jeffrey A. 2015a. *Bit by Bit: How P2P Is Freeing the World*. Liberty.me.

_____. 2015b. "A Theory of the Scam." Beautiful Anarchy (January 2). http://tucker.liberty.me/.

Turner, Fred. 2008. *From Counterculture to Cyberculture: Stewart Brand, the Whole Earth Network, and the Rise of Digital Utopianism.* Chicago: University of Chicago Press.

Tutino, Antonella, and Carlos E. J. M. Zarazaga. 2014. "Inflation Is Not Always and Everywhere a Monetary Phenomenon." *Economic Letter* (June). http://www.dallasfed.org/.

Varoufakis, Yanis. 2013. "Bitcoin and the Dangerous Fantasy of 'Apolitical' Money." Yanis Varoufakis (April 22). http://yanis varoufakis.eu/.

Vigna, Paul, and Michael J. Casey. 2015. *The Age of Cryptocurrency: How Bitcoin and Digital Money Are Challenging the Global Economic Order.* New York: St. Martin's Press.

Weber, Max. 1919. "Politics as a Vocation." In Weber, *The Vocation Lectures: "Science as a Vocation," "Politics as a Vocation,"* 32-94. Indianapolis: Hackett, 2004.

Weiner, Keith. 2013. "Paul Krugman Is Wrong: Bitcoin Isn't Evil, but Monetary 'Stimulus' Is." *Forbes* (December). http://www.forbes. com/.

Welch, Robert. 1966. "The Truth in Time." *American Opinion* (November). http://www.ourrepubliconline.com/.

Wile, Rob. 2013. "927 People Own Half of All Bitcoins." *Business Insider* (December). http://www.businessinsider.com/.

Wilson, Matthew Graham, and Aaron Yelowitz. 2014. "Characteristics of Bitcoin Users: An Analysis of Google Search Data." Social Science Research Network (November 3). http://papers.ssrn.com/.

Winner, Langdon. 1997. "Cyberlibertarian Myths and the Prospects for Community." *ACM SIGCAS: Computers and Society* 27, no. 3: 14-19.

Wong, Joon Ian. 2014. "Venture Capital Funding for Bitcoin Startups Triples in 2014." CoinDesk (December 31). http://www.coin desk.com/.

Worstall, Tim. 2013. "Bitcoin Is More Like a Speculative Investment Than a Currency." *Forbes* (December 23). http://www.forbes.com/.

Yarow, Jay. 2013. "Tech People Are Passing around This Paul Krugman Quote on the Internet after He Called Bitcoin 'Evil.'" *Business Insider* (December 30). http://www.businessinsider.com/.

Yermack, David. 2014. "Is Bitcoin a Real Currency? An Economic Appraisal." Social Science Research Network (April). http://papers. ssrn.com/.

Zetter, Kim. 2009. "Bullion and Bandits: The Improbable Rise and Fall of E-Gold." *Wired* (June 9). http://www.wired.com/.

Zuesse, Eric. 2015. *Feudalism, Fascism, Libertarianism and Economics.* Bristol, UK: World Economics Association.